Lições de
Direito Constitucional
— AÇÕES CONSTITUCIONAIS —

Dados Internacionais de Catalogação na Publicação (CIP)

S2811 Scalabrin, Felipe.

Lições de direito constitucional : ações constitucionais / Felipe Scalabrin, Gustavo Santanna. – Porto Alegre : Livraria do Advogado, 2020.

163 p. ; 23 cm.

Inclui bibliografia.

ISBN 978-85-9590-097-4

1. Direito constitucional. 2. Ações constitucionais. I. Santanna, Gustavo. II. Título.

CDU 342(81)
CDD 342.81

Índice para catálogo sistemático:
1. Direito constitucional 342(81)

(Bibliotecária responsável: Sabrina Leal Araujo – CRB 8/10213)

Felipe Scalabrin

Gustavo Santanna

Lições de Direito Constitucional

— AÇÕES CONSTITUCIONAIS —

livraria DO ADVOGADO editora

Porto Alegre, 2020

(Edição finalizada em dezembro/2019)

Projeto gráfico e diagramação
Livraria do Advogado Editora

Revisão
Rosane Marques Borba

Impresso no Brasil / Printed in Brazil

Sumário

Nota dos autores

O direito constitucional enquanto disciplina jurídica *ainda exige* constante reflexão e atualização. Não é tarefa fácil compreender institutos e fenômenos dinâmicos como o constitucionalismo, a aplicabilidade das normas constitucionais e a evolução dos direitos fundamentais – todos de relevância ímpar para uma sociedade centrada na dignidade da pessoa humana.

Em uma sociedade cada vez mais polarizada e intolerante, o estudo das ações constitucionais revela-se imprescindível e atual. São elas – as ações constitucionais – os meios colocados à disposição do cidadão pelo texto constitucional para provocar a intervenção do Poder Judiciário com o fim de sanar, corrigir ou evitar alguma violação ou ameaça a direitos fundamentais. Desde as mais tradicionais, como *habeas corpus* e o mandado de segurança, até aquelas que foram prestigiadas com mudanças recentes como a reclamação e a ação de improbidade administrativa, busca-se um estudo dos elementos centrais da matéria. Também pesa, neste estudo, a ascensão da tutela coletiva e a sua influência no modo de atuação das ações constitucionais. Se antes o Poder Judiciário ofertava soluções individuais, a exigir de cada lesado a propositura de ação própria, agora a jurisdição abriu as portas para soluções coletivas, a exigir nova reflexão sobre institutos tradicionais como legitimidade, competência e coisa julgada e melhor proteger direitos transindividuais. Tudo isso impacta sobremaneira na concretização da tutela jurisdicional.

Nesse projeto de *Lições de direito constitucional*, busca-se uma seleção dos tópicos essenciais – daí a expressão "lições" – para, então, explorar as principais correntes doutrinárias e os mais recentes julgados do Supremo Tribunal Federal em torno do tema proposto, de forma organizada, atualizada e acessível. Não se pretende exaurir a matéria, mas sim proporcionar um estudo dinâmico, célere e completo, compatível com a velocidade dos tempos atuais. Espera-se que o resultado final tenha ficado à altura do desafio proposto.

Capítulo 1

Ações constitucionais

1. Conceito

A valorização dos direitos fundamentais pode ser considerada um dos elementos essenciais do Estado Democrático de Direito, expressamente acolhida na Constituição Federal de 1988. A afirmação dos direitos fundamentais é de "transcendental importância", contudo "não basta que um direito seja reconhecido e declarado", posto que não faltarão ocasiões em que ele será discutido e até mesmo violado.[1] A ordem jurídica deve, então, fornecer ao titular instrumentos de salvaguarda desses direitos. É nesse contexto que surgem as garantias constitucionais.

As ***garantias constitucionais*** são os instrumentos de proteção dos direitos fundamentais. Elas representam, numa concepção atual, os "mecanismos de limitação do poder na defesa dos direitos".[2] Esse sentido contemporâneo não fica distante da afirmação de Ruy Barbosa de que os direitos não se confundem com as garantias. Enquanto os direitos decorrem de disposições meramente declaratórias, "que são as que imprimem existência legal aos direitos reconhecidos", as garantias são "as disposições assecuratórias, que são as que, em defesa dos direitos, limitam o poder".[3] É verdade que essa distinção nem sempre é clara, tanto que o constituinte brasileiro aborda ambos em conjunto no Título II da Constituição Federal ("dos direitos e garantias fundamentais"). Em complemento, traz pouco resultado prático, já que as garantias constitucionais devem receber o mesmo tratamento jurídico dos direitos fundamentais.[4]

---

[1] SILVA, José Afonso da. *Curso de direito constitucional positivo*. 24. ed. São Paulo: Malheiros, 2005, p. 186.

[2] NOVELINO, Marcelo. *Curso de Direito Constitucional*. 13. ed. Salvador: Juspodivm, 2018, p. 429

[3] BARBOSA, Rui. Os actos inconstitucionaes do congresso e do executivo ante a Justiça Federal. In: *Obras Completas de Rui Barbosa*, vol. XX, tomo V. Rio de Janeiro, 1948, p. 167. Disponível em: <http://www.casaruibarbosa.gov.br>, acesso em 18/04/2019.

[4] MENDES, Gilmar Ferreira; BRANCO, Paulo Gustavo Gonet. *Curso de direito constitucional*. 8. ed. São Paulo: Saraiva, 2013, p. 169.

As garantias constitucionais ainda podem ser classificadas – conforme a proposta de José Afonso da Silva – em garantias constitucionais gerais e garantias constitucionais especiais:

(a) ***Garantias constitucionais gerais***: "consubstanciam salvaguardas de um regime de respeito à pessoa humana em toda a sua dimensão" e, portanto, abrangem todas as instituições constitucionais que equilibram a atuação estatal e impeçam o arbítrio em face dos direitos fundamentais (exemplos: a separação de Poderes, a própria afirmação de direitos fundamentais, a estruturação de um órgão jurisdicional independente e imparcial etc.).[5]

(b) ***Garantias constitucionais especiais***: são as "prescrições constitucionais que conferem, aos titulares dos direitos fundamentais, meios, técnicas, instrumentos ou procedimentos para imporem o respeito e a exigibilidade desses direitos".[6] Desse modo, são os meios para proteger ou concretamente implementar a eficácia e a aplicabilidade dos direitos fundamentais. Esse caráter instrumental não significa que as garantias constitucionais especiais dependam de um processo judicial para que se realizem. Ao contrário, diversas garantias especiais não possuem natureza processual (exemplos: o direito fundamental à segurança é garantido pelo direito adquirido; o direito fundamental à integridade física é garantido pela vedação à tortura; o direito fundamental à intimidade é garantido pelo direito à indenização etc.). Já se for necessário provocar a intervenção das autoridades para sanar, corrigir ou evitar alguma violação ou ameaça a direito fundamental, as garantias especiais são denominadas de remédios constitucionais.

Os ***remédios constitucionais*** são os meios colocados à disposição do cidadão para provocar a intervenção das autoridades competentes de modo a sanar, corrigir, "ilegalidade e abuso de poder em prejuízo de direitos e interesses individuais".[7] São garantias constitucionais, justamente em razão de, além de serem remédios previstos na Constituição, estarem "destinados a assegurar o gozo de direitos violados ou em vias de ser violados ou simplesmente não atendidos".[8] Eles abrangem, portanto, a necessidade de provocação das autoridades para sanar, corrigir ou evitar alguma violação ou ameaça a direito fundamental. E quando houver a necessidade de provocação da autoridade judicial, os remédios constitucionais irão se traduzir em ações constitucionais.

---

[5] SILVA, José Afonso da. *Curso de direito constitucional positivo*. 24. ed. São Paulo: Malheiros, 2005, p. 412.

[6] Idem, p. 413.

[7] Idem, p. 442.

[8] Ibidem.

Os remédios constitucionais podem se classificados – considerada a necessidade de intervenção judicial – em remédios constitucionais extrajudiciais e remédios constitucionais judiciais.[9]

(a) ***Remédios constitucionais extrajudiciais***: abrangem os instrumentos de provocação da autoridade sem que haja necessidade de intervenção judicial. Na atualidade, é crescente o entendimento de que a resolução dos conflitos deve preferencialmente ocorrer sem a intervenção do Poder Judiciário.[10] Entretanto, caso tais instrumentos não sejam suficientes no caso concreto para debelar a lesão ou ameaça a direito fundamental, sempre será viável a provocação da função jurisdicional (art., 5º, XXXV, da CF/88). São exemplos de remédios extrajudiciais o direito de petição e o direito de certidão.

- **Direito de petição**: é o direito de se dirigir diretamente a qualquer autoridade pública, apresentando petições, representações, reclamações ou queixas na defesa de outros direitos ou interesses. Com efeito, qualquer um pode "pleitear das autoridades que integram o Poder Público, em qualquer esfera, pedidos, queixar, representações para o exercício de direitos ou para reparar abusos ou ilegalidades, o que deve ser interpretado da forma mais ampla possível".[11] O direito de petição se reveste de importância ímpar como, por exemplo: (a) meio de obtenção de informações perante o Poder Público, matéria que é detalhada atualmente pela Lei nº 12.527/11 (Lei de Acesso à Informação); (b) instrumento de provocação dos órgãos e entidades de controle da administração pública como os Tribunais de Contas ou, até mesmo, o Ministério Público.
- **Direito de certidão**: é o direito à obtenção de documento lavrado pela administração a requerimento do interessado, comprovando a existência de um fato com fé pública até a apresentação de alguma prova em contrário. Trata-se, pois, da possibilidade de obter certidões em repartições públicas para a defesa ou esclarecimento de alguma situação de interesse pessoal do requerente.[12]

(b) ***Remédios constitucionais judiciais***: são os meios colocados à disposição do cidadão para provocar a intervenção do Poder Judiciário com o fim de sanar, corrigir ou evitar alguma violação ou ameaça a direito fundamental. Além da cláusula geral de inafastabilidade da tutela jurisdicional, que corresponde ao direito fundamental de acesso à Justiça e significa que nenhuma lesão ou ameaça de lesão a direito poderá ser excluída da apreciação judicial (art. 5º, XXXV, CF/88), o texto consti-

---

[9] RODRIGUES, Geisa. *Ações constitucionais*. São Paulo: Método, 2014, p. 11.

[10] O atual Código de Processo Civil expressamente prevê que o Estado promoverá, sempre que possível, a solução consensual dos conflitos (art. 3º, § 2º, CPC). Buscando conferir maior eficiência inclusive para o Poder Judiciário, o Conselho Nacional de Justiça estabeleceu a Política Judiciária Nacional de tratamento adequado dos conflitos de interesses para incentivar mecanismos consensuais de solução de litígios (Resolução nº 125/2010, CNJ).

[11] RODRIGUES, Geisa. *Ações constitucionais*. São Paulo: Método, 2014, p. 14.

[12] Idem, p. 19.

tucional ainda cuidou de alguns instrumentos especiais, isto é, ações próprias para atingir essa finalidade e que vão qualificadas pela sua posição normativa.

As ***ações constitucionais*** são os meios colocados à disposição do cidadão para provocar a intervenção do Poder Judiciário com o fim de sanar, corrigir ou evitar alguma violação ou ameaça a direito fundamental. Elas equivalem, portanto, aos remédios judiciais de proteção dos direitos fundamentais.[13] Tradicionalmente vinculadas às liberdades individuais, são exemplos de ações constitucionais o *habeas corpus* e o mandado de segurança.

2. Objeto

As ações constitucionais têm por objeto a proteção de direitos fundamentais, ou seja, no bojo dessas ações haverá a discussão em torno de algum direito fundamental ameaçado ou lesado. Os direitos fundamentais, por sua vez, são aqueles direitos indispensáveis para a manutenção e a proteção da dignidade da pessoa humana e que impõem limites e deveres à atuação do Estado.[14]

A afirmação histórica dos direitos fundamentais conduziu a uma proliferação de interesses protegidos e a uma crescente limitação à atuação estatal. A Constituição Federal de 1988 – traduzindo os anseios de uma sociedade cansada do totalitarismo do regime político anterior – enunciou direitos fundamentais em múltiplas gerações ou dimensões. A primeira dimensão se revela nos direitos civis, nas liberdades públicas e em direitos do indivíduo frente ao Estado; a segunda dimensão se verifica nos direitos coletivos, nas liberdades sociais e em direitos do indivíduo pelo Estado (caráter prestacional); a terceira dimensão de direitos fundamentais se apresenta nos direitos transindividuais, verdadeiras liberdades difusas, sem um titular determinado e materialmente indivisível, tais como o patrimônio cultural, o meio ambiente e a probidade administrativa).[15] É importante ressaltar que

[13] ABBOUD, Georges. *Processo constitucional brasileiro*. 2. ed. São Paulo: Revista dos Tribunais, 2018, p. 713.

[14] Não é pretensão do presente estudo abordar a questão teórica e dogmática que envolve os direitos fundamentais. Para tanto, vide: SARLET, Ingo Wolfgang. *A eficácia dos direitos fundamentais:* uma teoria geral dos direitos fundamentais na perspectiva constitucional. 13. ed. Porto Alegre: Livraria do Advogado, 2018.

[15] Não é pretensão do presente estudo aprofundar a questão relativa à classificação e dimensões ou gerações de direitos fundamentais. Vale mencionar, contudo, a tendência pelo abandono dessa concepção geracional. De qualquer modo, há, inclusive, forte doutrina favorável à existência de outras dimensões como, por exemplo, os direitos fundamentais de quarta geração relaciona-

as ações constitucionais são instrumentos de proteção dos direitos fundamentais em todas as suas dimensões.

Enquanto texto normativo, a Constituição Federal de 1988 se inseriu na "revolução" em prol da criação de instrumentos de tutela coletiva[16] e, ao lado das já existentes Lei da Ação Popular e da Lei da Ação Civil Pública, o texto constitucional expressamente reconheceu a existência de direitos transindividuais e de meios para viabilizar a tutela jurisdicional desses direitos, como ocorre, por exemplo, com a ação popular ajuizada por qualquer cidadão na defesa do meio ambiente (art. 5º, LXXIII, CF/88). Além disso, reconheceu a possibilidade de defesa coletiva de direitos individuais ao conferir legitimidade a certas pessoas e instituições para, em nome próprio, buscar direito alheio.[17] Assim ocorre, por exemplo, com o sindicato que impetra mandado de segurança coletivo em nome próprio para defender os interesses de seus membros (art. 5º, LXX, *b*, CF/88). A ascensão da tutela coletiva, contudo, não parou por aí.

Com o advento do Código de Defesa do Consumidor e o amplo debate doutrinário e jurisprudencial, permitiu-se o refinamento de conceitos básicos e indispensáveis para uma melhor compreensão do tema. Assim, os direitos difusos, se apresentam como aqueles direitos transindividuais, de natureza indivisível, de que sejam titulares pessoas indeterminadas e ligadas por circunstâncias de fato. Ele são transindividuais, por que não há um indivíduo como titular. Já os direitos coletivos são aqueles direitos transindividuais, de natureza indivisível de que seja titular grupo, categoria ou classe de pessoas ligadas entre si ou com a parte contrária por uma relação jurídica base. Neste caso, o titular não é a coletividade, mas sim uma comunidade determinada, um grupo, classe ou categoria de pessoas. Por fim, os direitos individuais homogêneos são aqueles decorrentes de origem comum, isto é, vinculados por algum aspecto fático ou jurídico. Conforme aponta a doutrina, o direito individual homogêneo é uma soma de direitos individuais que, em razão de uma questão de fato ou de direito, podem ser tratados de forma conjunta como se fossem apenas um direito. A complexidade desses conceitos certamente exigirá uma abordagem mais ampla oportunamente. O que é digno de realce neste momento é que as ações constitucionais podem ter como objeto tanto a proteção de direitos individuais, como de direitos difusos, coletivos

---

dos com a democracia globalizada (BONAVIDES, Paulo. *Curso de direito constitucional*. 34. ed. São Paulo: Malheiros, 2019, p. 587).

[16] ZAVASCKI, Teori Albino. *Processo coletivo*: tutela de direitos coletivos e tutela coletiva de direitos. 7. ed. São Paulo: Revista dos Tribunais, 2017, p. 35.

[17] Idem, p. 36.

ou individuais homogêneos, porque enquanto instrumentos qualificados de proteção dos direitos fundamentais, não há qualquer razão para negar a dimensão coletiva das ações constitucionais.

A garantia das liberdades individuais e dos direitos transindividuais encontrará seguro ambiente de proteção e promoção por meio das ações constitucionais previstas na Constituição: *habeas corpus*, *habeas data*, mandado de segurança, mandado de injunção, ação popular, ação civil pública, ação de improbidade administrativa e reclamação.

O resguardo à ordem jurídica – enquanto garantia da Constituição – não deixa de ser direito fundamental digno de proteção por meio de ações próprias. Não sem razão, autorizada doutrina inclui no estudo dos instrumentos de tutela coletiva de direitos as ações de controle concentrado de constitucionalidade.[18] Assim, também seriam ações constitucionais a ação direta de inconstitucionalidade, a ação declaratória de constitucionalidade e a arguição de descumprimento de preceito fundamental.[19] Tais ações, entretanto, estão umbilicalmente relacionadas com o controle de constitucionalidade, possuem pressupostos específicos de admissibilidade e as decisões definitivas delas decorrentes são dotadas de efeitos próprios. Assim, embora se afigurem como ações constitucionais, é de todo recomendável que sejam estudadas separadamente.[20]

As ações constitucionais – no aspecto processual – são manifestação da chamada tutela jurisdicional diferenciada, isto é, qualificada por um procedimento adaptado ao direito material que busca proteger, normalmente com pressupostos específicos de cabimento e legitimidade, além de adaptações procedimentais destinadas a imprimir maior celeridade à prestação jurisdicional. Por tais razões, justifica-se um estudo sistemático que considere, em cada ação constitucional, a admissibilidade, a legitimidade, a competência, o procedimento e os efeitos da decisão final. É o que se apresentará nos capítulos seguintes.

[18] ZAVASCKI, Teori Albino. *Processo coletivo*: tutela de direitos coletivos e tutela coletiva de direitos. 7. ed. São Paulo: Revista dos Tribunais, 2017, p. 57

[19] RODRIGUES, Geisa. *Ações constitucionais*. São Paulo: Método, 2014, p. 25; no mesmo sentido, abordando as ações de controle concentrado: NEVES, Daniel Amorim Assumpção. *Ações constitucionais*. 4. ed. Salvador: Juspodivm, 2018, pp. 27-136.

[20] Optou-se por tratar das ações constitucionais relacionadas com o controle de constitucionalidade em nossa obra *Lições de direito constitucional*: controle de constitucionalidade. 2. ed. Porto Alegre: Livraria do Advogado, 2020.

Capítulo 2

Habeas corpus

1. Conceito

O *habeas corpus* é a garantia constitucional voltada à proteção da liberdade de locomoção (art. 5º, LXVIII, CF/88). Trata-se de ação constitucional que revela direito processual a um procedimento diferenciado e célere destinado à pronta tutela da liberdade individual. Esse procedimento é detalhado no Código de Processo Penal (arts. 647-667, CPP), mas o seu espectro de utilização vai muito além da esfera criminal. Pode ser considerado uma das mais antigas garantias constitucionais, com origem moderna na Magna Carta de 1215[21] e, remotamente, no *interdictum de homine libero exhibendo*, ação popular romana de defesa da liberdade individual.[22]

Conforme célebre lição doutrinária, a expressão completa é *writ of habeas corpus*, isto é, a ordem para que seja apresentada a pessoa que está sofrendo um constrangimento, sendo que *habeas corpus* eram apenas as palavras iniciais da fórmula.[23] Trata-se, pois, de instrumento de proteção do direito fundamental à liberdade de locomoção (*ius libertatis*).

No sistema brasileiro, está presente desde a primeira Constituição Republicana de 1891 (art. 72, § 22, CF/1891). Aliás, durante a República Velha, foi empregado inclusive para proteger outros direitos fundamentais, já que inexistia uma ação constitucional destinada à

[21] MIRANDA, Francisco Cavalcanti Pontes de. *História e prática do habeas-corpus*. 3. ed. Rio de Janeiro: J. Konfino, 1955, p. 33.

[22] SILVA, José Afonso da. *Ação popular constitucional*: doutrina e processo. 2ª ed. 2ª tiragem. São Paulo: Malheiros, 2013, p. 24.

[23] "Habeas-corpus eram as palavras iniciais da fórmula no mandado que o Tribunal concedia, endereçado a quantos tivessem em seu poder, ou guarda, o corpo do detido. A ordem era do teor seguinte: 'Toma (literalmente: tome, no subjuntivo, *habeas*, de *habeo*, *habere*, ter, exibir, tomar, trazer, etc.) o corpo dêste detido e vem submeter ao Tribunal o homem e o caso'. Por onde se vê que era preciso produzir e apresentar à Côrte o homem e o negócio, para que pudesse a justiça, convenientemente instruída, estatuir sôbre a questão, e velar pelo indivíduo" (MIRANDA, Francisco Cavalcanti Pontes de. *História e prática do habeas-corpus*. 3. ed. Rio de Janeiro: J. Konfino, 1955, p. 23).

tutela de direito e líquido e certo não relacionado com a liberdade de locomoção. Era a denominada "doutrina brasileira do *habeas corpus*" – corrente que admitia o seu manejo para desafiar qualquer arbitrariedade perpetrada pelo poder público.

- **Natureza jurídica**: apesar de detalhado no âmbito dos recursos criminais (art. 647, CPP), o *habeas corpus* não é um recurso. Não há que se confundir, portanto, o emprego do remédio como se recurso fosse, com a sua autêntica natureza jurídica. Com efeito, o sistema brasileiro admite que ele seja utilizado como meio de impugnação de variados pronunciamentos judiciais. Nem por isso é recurso. De fato, o entendimento pacífico nos tribunais é que o *habeas corpus* deve ser considerado como uma ação autônoma de impugnação de índole constitucional para a defesa *lato sensu* da liberdade.[24] Aliás, apenas para reforçar que não se trata de recurso, o STF já admitiu o seu manejo até mesmo em face de decisão transitada em julgado.[25]

Após as restrições havidas por ocasião da Ditadura Militar, o *habeas corpus* foi revigorado com o advento da Constituição Federal de 1988 e, nos dias atuais, se insere no rol dos mais importantes instrumentos de proteção do indivíduo em face do Poder Público, protegendo o indivíduo contra qualquer medida restritiva à sua liberdade de ir, vir e permanecer.[26] E embora seja uma ação de caráter individual, importantes decisões tomadas pelo Supremo Tribunal Federal em sede de *habeas corpus* impactaram de forma decisiva os tribunais inferiores.[27]

---

[24] PACELLI, Eugênio; FISCHER, Douglas. *Comentários ao Código de Processo Penal e sua jurisprudência*. 10. ed. São Paulo: Atlas, 2018, p. 1454.

[25] STF, HC 95570, Relator Min. Dias Toffoli, Primeira Turma, julgado em 01/06/2010.

[26] MENDES, Gilmar Ferreira; BRANCO, Paulo Gustavo Gonet. *Curso de direito constitucional*. 8. ed. São Paulo: Saraiva, 2013, p. 413.

[27] Apenas para exemplificar, a Lei de Drogas expressamente vedava a conversão da pena de prisão em pena alternativa (art. 44, *caput*, Lei 11.343/06). Essa proibição legal, contudo, foi considerada inconstitucional pelo STF no julgamento de um caso concreto de habeas corpus (HC 97256, Relator Min. Ayres Britto, Tribunal Pleno, julgado em 01/09/2010), isto é, mediante controle difuso de constitucionalidade. Posteriormente, a eficácia da norma foi parcialmente suspensa por resolução do Senado Federal nos termos do art. 52, X, da Constituição (Resolução nº 05/2012). Em outro caso recente, também relacionado com o processo penal, o STF considerou existir necessidade de prazo sucessivo para alegações finais entre as defesas de acusados que celebraram acordo de colaboração premiada e as de acusados que não firmaram esse negócio jurídico processual, de modo a garantir que o acusado não delator fale por último nos autos (HC 166373/PR, julgamento em 25 e 26/09/2019 - Informativo nº 953, STF). Por fim, no final do ano de 2019, o STF firmou maioria, em recurso ordinário em habeas corpus, para firmar uma importante tese relacionada com os crimes tributários, a saber: "o contribuinte que deixa de recolher o ICMS cobrado do adquirente da mercadoria ou serviço incide no tipo penal do art. 2º, II, da Lei 8.137/1990, desde que aja com intenção de apropriação do valor do tributo a ser apurada a partir de circunstâncias objetivas factuais". O julgamento, contudo, não foi concluído em razão de pedido de vista (RHC 163334/SC, Relator Min. Roberto Barroso, julgamento em 11 e 12.12.2019 – Informativo nº 963).

2. Cabimento

O objeto do *habeas corpus* é a ilegal restrição ou ameaça à liberdade de locomoção da pessoa. Por essa razão, sempre que houver uma restrição ou ameaça de restrição a essa liberdade individual, será cabível o "remédio heroico". Guardadas as devidas proporções, o objeto do *habeas corpus* é o "direito líquido e certo" à liberdade de locomoção. Daí já se conclui pela existência de duas espécies de *habeas corpus*: (a) suspensivo/liberatório: utilizado quando a restrição à liberdade já foi concretizada; (b) preventivo: utilizado quando a restrição ainda não ocorreu, mas já há uma ameaça que justifique a concessão de "salvo-conduto".[28] Com efeito, esse "direito líquido e certo" à liberdade de locomoção é interpretado de maneira bastante ampla pelos tribunais.

Nesse contexto, é possível concluir que o *habeas corpus* é cabível quando alguém sofrer ou estiver ameaçado de sofrer violência ou coação em sua liberdade de locomoção em razão de constrangimento ilegal. Cumprem aqui algumas anotações: (a) violência: é a agressão material, física, para que a pessoa seja privada da liberdade corpórea; (b) coação: é a violência moral, decorrente de ameaça, de medo ou intimidação; (c) constrangimento ilegal: é aquele realizada com violação à lei ou com abuso de poder, compreendido este último como o exercício irregular de um poder conferido. O art. 648 do Código de Processo Penal traz um rol exemplificativo de situações que caracterizam coação ilegal.[29] Por fim, tanto a ameaça como o atingimento da liberdade, devem ser fundados em atos concretos e específicos, não se prestando o *habeas corpus* para meras conjecturas ou situações hipotéticas.

O cabimento do remédio heroico se dá em virtude da tutela da liberdade de locomoção, de sorte que a proteção de bem jurídico diverso não tem amparo no *habeas corpus*. Em razão disso, doutrina e jurisprudência apontam algumas hipóteses em que **não cabe o *habeas corpus***, como por exemplo:

- Na persecução penal da infração cominada apenas com a pena de multa (Súmula 693, STF).[30] Neste caso, justifica-se a ausência de adequação

[28] PACELLI, Eugênio; FISCHER, Douglas. *Comentários ao Código de Processo Penal e sua jurisprudência*. 10. ed. São Paulo: Atlas, 2018, p. 1539.

[29] Art. 648, CPP. A coação considerar-se-á ilegal: I - quando não houver justa causa; II - quando alguém estiver preso por mais tempo do que determina a lei; III - quando quem ordenar a coação não tiver competência para fazê-lo; IV - quando houver cessado o motivo que autorizou a coação; V - quando não for alguém admitido a prestar fiança, nos casos em que a lei a autoriza; VI - quando o processo for manifestamente nulo; VII - quando extinta a punibilidade.

[30] Súmula 693, STF. Não cabe *habeas corpus* contra decisão condenatória a pena de multa, ou relativo a processo em curso por infração penal a que a pena pecuniária seja a única cominada.

por que a multa não pode ser convertida em prisão e, portanto, não há sequer ameaça potencial à liberdade de locomoção.

- Quando já extinta a pena privativa de liberdade (Súmula 695, STF). Neste caso, mais ainda que a medida é inadequada, posto que ou a restrição já ocorreu ou não mais ocorrerá.
- Em razão de exclusão de militar, perda de patente ou de função pública (Súmula 694, STF). Nestes casos, não está em jogo a liberdade de locomoção, mas sim outros direitos fundamentais ainda que de relevante estatura.
- Para impugnar a decretação de perda de cargo público estabelecida como efeito específico de sentença penal condenatória.[31]
- Para liberar veículos apreendidos.
- Para assegurar direito de visita a detento.[32]
- Em face de atos praticados no processo de *impeachment*. Neste caso, a sanção é político-administrativa e não atinge a liberdade de locomoção.[33]
- Em face da decisão que determina a suspensão do direito de dirigir veículo automotor.
- Em favor de pessoa jurídica, já que não está sujeita a restrição na sua locomoção. Aliás, os animais, porquanto não integram o conceito de pessoa, igualmente não podem ser pacientes de *habeas corpus*.
- Para o Supremo Tribunal Federal, em face da decisão denegatória de liminar em outro *habeas corpus* proferida pelos tribunais superiores (Súmula 691, STF).[34] Sobre este último caso, a jurisprudência do STF tem admitido, em diversos casos, a superação do verbete sumular, notadamente quando "(i) seja premente a necessidade de concessão do provimento cautelar e (ii) a negativa de liminar pelo tribunal superior importe a caracterização ou manutenção de situações manifestamente contrárias ao entendimento do Supremo Tribunal Federal".[35]

Alteração no título da prisão é um dos temas problemáticos na atualidade. Discute-se se a alteração no título da prisão ocasiona a perda superveniente do interesse no *habeas corpus*. Exemplo: decreta-se a prisão preventiva; impetrado *habeas corpus*, a liminar é indeferida; no curso do processamento, advém sentença condenatória que traz novos argumentos para manutenção da prisão. Estará prejudicado o mérito do *habeas corpus* em razão da alteração do decreto prisio-

---

[31] STF, RHC 93308, Relator Min. Carlos Britto, Primeira Turma, julgado em 03/02/2009.

[32] STF, HC 133305, Relator Min. Dias Toffoli, Segunda Turma, julgado em 24/05/2016.

[33] STF, HC 134315 AgR, Relator Min. Teori Zavascki, Tribunal Pleno, julgado em 16/06/2016.

[34] Súmula 691, STF. Não compete ao Supremo Tribunal Federal conhecer de *habeas corpus* impetrado contra decisão do relator que, em *habeas corpus* requerido a tribunal superior, indefere a liminar.

[35] MENDES, Gilmar Ferreira; BRANCO, Paulo Gustavo Gonet. *Curso de direito constitucional*. 8. ed. São Paulo: Saraiva, 2013, p. 419.

nal? O tema é tormentoso, já que "se o juiz ou o tribunal verificar que já cessou a violência ou coação ilegal, julgará prejudicado o pedido" (art. 659, CPP). No STF, a título ilustrativo, já se decidiu que "o título prisional superveniente, decorrente do julgamento colegiado do *habeas corpus* pela Corte *a quo* torna prejudicada a impetração" (HC 125830 AgR, STF, Primeira Turma, julgamento em 07/04/2017).

- **Questão**: *É cabível habeas corpus para substituir recursos que admitem efeito suspensivo?* Neste caso, o regime jurídico do *habeas corpus* é bastante diferente daquele previsto para o mandado de segurança, já que não cabe mandado de segurança em face de decisão que pode ser desafiada por recurso com efeito suspensivo. Historicamente aceitava-se sem grandes ressalvas o cabimento do *habeas corpus* como substitutivo de recurso ("*habeas corpus* substitutivo"), apenas com o detalhe que a autoridade coatora passava a ser aquele que indeferira o pedido questionado. Exemplo: decisão do Juiz Federal é confrontada por *habeas* no TRF, que mantém a decisão. Aceitava-se novo *habeas corpus* para o STJ, embora haja expressa previsão de recurso (art. 105, II, a, CF/88). Em momento mais recente, tanto o STJ como o STF passaram a entender que não é cabível o "*habeas corpus* substitutivo" se há expressa previsão de recurso que poderia ser utilizado. Nesse sentido: "a Primeira Turma do Supremo Tribunal Federal consolidou entendimento no sentido da inadmissibilidade do uso da ação de *habeas corpus* em substituição ao recurso ordinário previsto na Constituição Federal (HC 109.956, Rel. Min. Marco Aurélio; e HC 104.045, Rel. Min. Rosa Weber)" (HC 149710 AgR/SP, Primeira Turma, 18/12/2017). Trata-se, contudo, de matéria ainda controvertida nos tribunais superiores.
- **Questão**: *É cabível* habeas corpus *em face de punição disciplinar militar que resulte na restrição à liberdade de locomoção?* Em razão da hierarquia e disciplina militares, admite-se que punições disciplinares causem restrição à liberdade. Nestes casos, a Constituição expressamente prevê que "Não caberá *habeas corpus* em relação a punições disciplinares militares" (art. 142, § 2º, CF/88). A jurisprudência do Supremo, porém, evoluiu para interpretar a vedação com temperamentos. Assim, prevalece que é cabível o *habeas*, desde que destinado ao exame dos aspectos de legalidade do ato de punição. A vedação, portanto, diz respeito ao mérito do ato de punição disciplinar.[36]

A admissibilidade do *habeas corpus* é tema que segue controversa, notadamente nas hipóteses em que o remédio não seria cabível, mas o órgão judicial verifica que está presente alguma restrição ilegal à liberdade de locomoção. Em tais casos, como a admissibilidade antecede o mérito, a rigor, não seria possível a concessão da ordem. Sobre o assunto, ao comentar a Súmula 691 do STF, Gilmar Men-

---

[36] MENDES, Gilmar Ferreira; BRANCO, Paulo Gustavo Gonet. *Curso de direito constitucional*. 8. ed. São Paulo: Saraiva, 2013, p. 417.

des e Paulo Gonet Branco asseveram que "o valor fundamental da liberdade, que constitui o lastro principiológico do sistema normativo penal, sobrepõe-se a qualquer regra processual cujos efeitos práticos e específicos venham a anular o pleno exercício de direitos fundamentais pelo indivíduo. Ao Supremo Tribunal Federal, como guardião das liberdades fundamentais asseguradas pela Constituição, cabe adotar soluções que, traduzindo as especificidades de cada caso concreto, visem reparar as ilegalidades perpetradas por decisões que, em estrito respeito às normas processuais, acabem criando estados de desvalor constitucional".[37] Nessa esteira, ainda é prevalente o entendimento de que a inadmissibilidade do *habeas corpus* não impede a concessão da ordem de ofício.

3. Legitimidade

A ***legitimidade ativa***, no *habeas corpus*, é ampla. Assim, qualquer pessoa tem legitimidade para impetrar a ação na defesa da liberdade individual própria ou de outrem. O Ministério Público também possui legitimidade ativa para a impetração (art. 654, *caput*, CPP).[38] Como a legitimidade é ampla, a ação pode ser proposta por qualquer pessoa natural, nacional ou estrangeira, e inclusive sem a necessidade de representação por advogado.

Quando a impetração se dá na defesa de outrem, haverá legitimação ativa extraordinária, já que o impetrante está litigando em nome próprio em defesa de interesse alheio. Nestes casos, é possível que haja litisconsórcio entre o impetrante e o paciente. Aliás, não há que se confundir o impetrante com o paciente.

O paciente, no *habeas corpus*, é o titular do direito à liberdade de locomoção cuja violação é alegada, ou seja, quem está sendo submetido ao constrangimento ilegal ou à ameaça e pode ser qualquer pessoa natural, seja ela nacional ou estrangeira. É prevalente, como adiantado acima, o entendimento de que a pessoa jurídica não pode figurar como paciente no *habeas corpus*, já que não está sujeita a restrição na sua locomoção. Por outro lado, é também prevalente o entendimento de que os animais, porquanto não integram o conceito de pessoa, não podem ser pacientes de *habeas corpus*. Havia entendimento do STF no

---

[37] MENDES, Gilmar Ferreira; BRANCO, Paulo Gustavo Gonet. *Curso de direito constitucional*. 8. ed. São Paulo: Saraiva, 2013, p. 419.

[38] PACELLI, Eugênio; FISCHER, Douglas. *Comentários ao Código de Processo Penal e sua jurisprudência*. 10. ed. São Paulo: Atlas, 2018, p. 1533.

sentido de que o paciente deveria ser pessoa determinada,[39] situação que obstaria a impetração em favor de uma coletividade de pessoas ou de pessoas indeterminadas. Todavia, como se verá em tópico próprio, ao seu modo, a Corte admitiu *habeas corpus* coletivo, o que pode trazer alguma nova reflexão futura sobre a exigência de pessoa determinada como paciente do *writ*.

A ***legitimidade passiva***, por sua vez, recai sobre a pessoa que exerce a coação, violência ou ameaça.[40] Trata-se do emissor da ordem, e não daquele que materialmente a cumpre. Além disso, é possível que se trate de autoridade pública (*v.g.*, o delegado ou juiz que promove uma prisão ilegal) ou autoridade privada (*v.g.*, o médico que determina uma internação compulsória ilegal).

4. Competência

As regras gerais para definição da competência são aplicáveis ao *habeas corpus*. Como o remédio é detalhado no Código de Processo Penal, é nele que estarão as principais regras de competência.[41] Em síntese, é preciso identificar se há alguma regra que atrai a causa para os tribunais superiores; não havendo, verifica-se se a competência é da Justiça Especial (Eleitoral, Trabalhista ou Militar) ou da Justiça Comum (Estadual ou Federal); após, apura-se a presença de alguma regra de atração para a Justiça Federal, sendo que a Justiça Estadual tem caráter residual; na sequência, aprecia-se a instância de julgamento (primeiro grau ou segundo grau); por fim, identificam-se as regras de localidade (foro) e de juízo.

O principal elemento para identificar o órgão judicial competente para o julgamento do *habeas corpus* é a hierarquia da autoridade que determinou a ilegal restrição ou ameaça da liberdade de locomoção, bem como a posição do paciente.[42] Normalmente, a competência é atribuída ao órgão judicial hierarquicamente superior à autoridade coatora.

[39] STF, HC 81348, Relatora: Min. Ellen Gracie, julgado em 26/09/2001, publicado em DJ 10/10/2001.

[40] LIMA, Renato Brasileiro, *Manual de processo penal*: volume único. 5. ed. Salvador: Juspodivm, 2017, p. 1773.

[41] O regramento é detalhado no art. 650 do CPP. Todavia, o mencionado dispositivo legal está em desarmonia com o texto constitucional e exige interpretação à luz das competências previstas na Constituição.

[42] LIMA, Renato Brasileiro, *Manual de processo penal*: volume único. 5. ed. Salvador: Juspodivm, 2017, p. 1788.

A competência será do Supremo Tribunal Federal quando a autoridade for membro dos Tribunais Superiores ou quando o coator for autoridade ou funcionário cujos atos estejam sujeitos diretamente a sua jurisdição (art. 102, I, *i*, CF/88). A competência também é fixada de acordo com alguns pacientes específicos. A competência será igualmente do Supremo Tribunal Federal quando o paciente for o Presidente da República, o Vice-Presidente, os membros do Congresso Nacional, seus próprios Ministros, o Procurador-Geral da República, os Ministros de Estado, os Comandantes da Marinha, do Exército e da Aeronáutica, os membros dos Tribunais Superiores, os do Tribunal de Contas da União, os chefes de missão diplomática de caráter permanente (art. 102, I, *d*, CF/88) e ainda quando o paciente for autoridade ou funcionário cujos atos estejam sujeitos diretamente à jurisdição do Supremo Tribunal Federal (art. 102, I, *i*, CF/88).[43]

Em relação às decisões proferidas por juízes e turmas recursais de Juizados Especiais Criminais, havia entendimento de que a competência para julgamento do *habeas corpus* também seria do Supremo Tribunal Federal, por simetria à sua competência para julgamento do respectivo recurso extraordinário (Súmula 690, STF). Posteriormente, contudo, passou-se a considerar que essa competência seria dos tribunais a que estejam vinculados os juízes e turmas recursais de Juizados Especiais Criminais, superando-se o entendimento anterior.[44]

A competência será do Superior Tribunal de Justiça quando o coator ou paciente for Governador de Estado ou do Distrito Federal, desembargadores dos Tribunais de Justiça dos Estados e do Distrito Federal, membros dos Tribunais de Contas dos Estados e do Distrito Federal, membros dos Tribunais Regionais Federais, dos Tribunais Regionais Eleitorais e do Trabalho, membros dos Conselhos ou Tribunais de Contas dos Municípios e membros do Ministério Público da União que oficiem perante tribunais (art. 105, I, *a*, CF/88) ou, ainda "quando o coator for tribunal sujeito à sua jurisdição, Ministro de Estado ou Comandante da Marinha, do Exército ou da Aeronáutica, ressalvada a competência da Justiça Eleitoral" (art. 105, I, *c*, CF/88).

No que diz respeito às restrições à liberdade realizadas por autoridades não judiciárias, a competência será do juiz de primeiro grau

[43] Sobre a competência do Supremo Tribunal Federal, com ampla jurisprudência, vide: PACELLI, Eugênio; FISCHER, Douglas. *Comentários ao Código de Processo Penal e sua jurisprudência*. 10. ed. São Paulo: Atlas, 2018, p. 1516-1521.

[44] Assim: "estando os integrantes das turmas recursais dos juizados especiais submetidos, nos crimes comuns e nos de responsabilidade, à jurisdição do tribunal de justiça ou do tribunal regional federal, incumbe a cada qual, conforme o caso, julgar os habeas impetrados contra ato que tenham praticado" (HC 86834, Relator(a): Min. MARCO AURÉLIO, Tribunal Pleno, julgado em 23/08/2006).

"da comarca ou da subseção judiciária em cujos limites estiver ocorrendo a violência ou coação ilegal à liberdade de locomoção".[45] A Justiça Federal de primeiro grau é competente para julgamento do *habeas corpus* relativo à matéria criminal de sua competência (art. 109, VII, CF/88), o que abrange autoridades federais, tais como, por exemplo, o Delegado Federal ou o Policial Rodoviário Federal.

5. Procedimento

O procedimento do *habeas corpus* busca ser célere e sem dilações indevidas.[46] Trata-se de rito abreviado e que tem prioridade sobre quaisquer outras ações. A seguir, os principais aspectos procedimentais:

(1º) **Petição inicial**: deve apresentar "a) o nome da pessoa que sofre ou está ameaçada de sofrer violência ou coação e o de quem exercer a violência, coação ou ameaça; b) a declaração da espécie de constrangimento ou, em caso de simples ameaça de coação, as razões em que funda o seu temor; c) a assinatura do impetrante, ou de alguém a seu rogo, quando não souber ou não puder escrever, e a designação das respectivas residências" (art. 654, § 1º, CPP). Obviamente, o rigor formal não é uma característica do *habeas corpus*, de modo que eventuais defeitos ou vícios podem ser superados. Nessa mesma linha, prevalece o entendimento de que a ação pode ser impetrada pelos mais variados meios, tais como correio, fax, e-mail etc.[47] A impetração de *habeas corpus* não exige capacidade postulatória (art. 1º, § 1º, EOAB) e dispensa a juntada de procuração. O mesmo não ocorre com eventuais recursos interpostos em face de decisão proferida nos autos da ação já em curso.

(2º) **Posturas do juiz**: recebida a inicial, o magistrado, se julgar necessário, pode determinar a apresentação do paciente em dia e hora que designar, ainda que a medida esteja "praticamente em desuso"[48] (art. 656, *caput*, CPP), ou requerer informações por escrito à autoridade coatora (art. 662, CPP) e, embora não haja previsão legal, é absolutamente pacífico o entendimento de que é possível a apreciação de eventual pedido

---

45 LIMA, Renato Brasileiro, *Manual de processo penal*: volume único. 5. ed. Salvador: Juspodivm, 2017, p. 1795.

46 NEVES, Daniel Amorim Assumpção. *Ações constitucionais*. 3. ed. Salvador: Juspodivm, 2017, p. 505.

47 Há dois célebres casos que merecem referência. O primeiro diz respeito a *habeas corpus* redigido por um detento em um lençol e que foi admitido pelo Superior Tribunal de Justiça, embora tenha sido indeferido no mérito (HC 295.085/CE, STJ, 2014). O segundo diz respeito a *habeas corpus* redigido em aproximadamente um metro de papel higiênico, posteriormente digitalizado, e cujo resultado foi pela negativa de seguimento (HC 328126/SP, STJ, 2015).

48 PACELLI, Eugênio; FISCHER, Douglas. *Comentários ao Código de Processo Penal e sua jurisprudência*. 10. ed. São Paulo: Atlas, 2018, p. 1537.

de tutela de urgência (liminar). Nos tribunais, admite-se ainda o julgamento de imediato indeferimento do pedido (art. 663, CPP).

(3º) **Tutela de urgência** (medida liminar): consolidou-se o entendimento de que o deferimento de liminar em *habeas corpus* fica condicionado à presença de *fumus boni iuris*, isto é, a probabilidade do direito alegado, e de *periculum in mora*, ou seja, o perigo de ineficácia da medida caso se aguarde o julgamento definitivo da ação.[49] Quando indeferida a liminar, poder-se-ia questionar da existência de nova coação ilegal a justificar novo *habeas corpus* perante o órgão judicial hierarquicamente superior. Trata-se de medida que ainda é majoritariamente aceita, salvo quando se tratar de decisão monocrática (vide a já citada Súmula 691, STF).

(4º) **Informações**: conforme destacado, é possível requerer informações por escrito à autoridade coatora (art. 662, CPP). Não se trata, porém, de peça essencial para o prosseguimento da ação, notadamente diante da sua esperada celeridade.

(5º) **Ministério Público**: não há previsão legal expressa acerca da necessidade de manifestação do Ministério Público perante o primeiro grau de jurisdição, mas tão somente perante os tribunais (Decreto-Lei nº 552/69).

(6º) **Decisão final**: em princípio, não há qualquer dilação probatória[50] no *habeas corpus*, de sorte que todos os elementos necessários ao julgamento devem aportar com a inicial ou, no máximo, serem trazidos em momento anterior ao julgamento. Em primeiro grau, é necessário que haja decisão no prazo de 24 horas (art. 660, *caput*). No primeiro grau, a ação é julgada em definitivo por decisão. Perante os tribunais, a ação é julgada pelo colegiado competente e, na hipótese de empate, prevalecerá a decisão favorável ao paciente (art. 664, parágrafo único, CPP).[51]

(7º) **Cumprimento**: concedida a ordem, o paciente deve ser logo posto em liberdade, salvo se não estiver preso por outro motivo (art. 660, § 1º, CPP). Para tanto, a decisão é comunicada à autoridade responsável pela prisão ilegal (art. 660, § 5º, CPP) e é expedido o respectivo alvará de soltura (art. 660, § 6º, CPP). Quando o *habeas corpus* tiver caráter preventivo, é expedido salvo-conduto ao paciente para que não sofra indevida restrição a sua liberdade (art. 660, § 4º, CPP).

(8º) **Recursos**: no primeiro grau, a sentença se sujeita a "recurso de ofício" (art. 574, I, CPP) e tanto a decisão que concede como a decisão que denega a ordem estão sujeitas a recurso em sentido estrito (art. 581, X, CPP). Já quando o *habeas corpus* é julgado originariamente em segundo grau de jurisdição, a decisão que denega a ordem está sujeita a recurso

---

[49] LIMA, Renato Brasileiro. *Manual de processo penal*: volume único. 5. ed. Salvador: Juspodivm, 2017, p. 1799.

[50] PACELLI, Eugênio; FISCHER, Douglas. *Comentários ao Código de Processo Penal e sua jurisprudência*. 10. ed. São Paulo: Atlas, 2018, p 1540.

[51] Idem, p. 1544.

ordinário constitucional para o Superior Tribunal de Justiça, e a decisão que concede a ordem está sujeita, desde que preenchidos os demais pressupostos, a recurso especial e/ou recurso extraordinário. Por outro lado, quando o *habeas corpus* é julgado originariamente por tribunais superiores, a decisão que denega a ordem está sujeita a recurso ordinário constitucional para o Supremo Tribunal Federal, enquanto a decisão que concede a ordem está sujeita, desde que preenchidos os pressupostos, a recurso extraordinário. Em todos os casos, ainda é majoritário o entendimento de que a decisão final denegatória de *habeas corpus* pode configurar uma nova ilegalidade a ensejar a impetração de um novo *habeas corpus* perante o órgão judicial hierarquicamente superior.

6. Efeitos (da decisão)

A decisão final do *habeas corpus* é tomada pelo órgão judicial competente. Vale mencionar que, nos tribunais, o *habeas corpus* deve ser "julgado na primeira sessão, podendo, entretanto, adiar-se o julgamento para a sessão seguinte" (art. 664, CPP). Além disso, a decisão é tomada por maioria e, caso haja empate, prevalecerá a decisão mais favorável ao paciente (art. 664, parágrafo único). Conforme já adiantado, o julgamento de *habeas* independe de pauta (art. 1º, § 1º, do Decreto-Lei nº 552/69).

O efeito principal da decisão favorável é a concessão da ordem de soltura quando a ação tiver caráter repressivo ou a concessão de salvo-conduto quando ela tiver caráter preventivo. Em ambos os casos, trata-se de eficácia mandamental preponderante. Contudo, não há que se perder de vista que a soltura somente ocorrerá se não houver outra ordem de prisão vigente ou não estiverem presentes os motivos para eventual prisão preventiva.[52]

- **Efeito extensivo**: admite-se a aplicação do art. 580 do CPP no *habeas corpus*. Em razão disso, a decisão do habeas impetrado por um dos réus, se fundado em motivos que não sejam de caráter exclusivamente pessoal, aproveitará aos demais.[53] Essa extensão, ademais, pode ser determinada de ofício (art. 654, § 2º, CPP).

O *habeas corpus* é uma ação individual e, por essa razão, os efeitos da decisão são aqueles típicos do controle incidental de constitucionalidade, isto é, *inter partes* e sem o efeito vinculante típico das ações de controle principal de constitucional como se dá na ação direta de inconstitucionalidade. Há que se ponderar, todavia, a peculiar e ampla

52 PACELLI, Eugênio; FISCHER, Douglas. *Comentários ao Código de Processo Penal e sua jurisprudência*. 10. ed. São Paulo: Atlas, 2018, p. 1539.

53 HC 77048, Relator Min. Maurício Corrêa, Tribunal Pleno, julgado em 28/05/1998.

competência penal que foi conferida ao Supremo Tribunal Federal pelo texto constitucional. De fato, a mais alta Corte do país resolve diversas controvérsias constitucionais em sede de *habeas corpus*, situação que não pode ser desconsiderada pelos protagonistas do direito. Assim, ainda que tomadas em sede de controle incidental, tais decisões possuem uma clara "vocação expansiva".[54]

A título exemplificativo, cumpre lembrar do célebre *habeas corpus* julgado pelo então Ministro Eros Grau e que culminou com a virada jurisprudencial do STF acerca da necessidade de trânsito em julgado para que se iniciasse o cumprimento da pena de prisão. Naquela assentada, a Corte definiu, em controle incidental, que "a execução da sentença após o julgamento do recurso de apelação significa, também, restrição do direito de defesa, caracterizando desequilíbrio entre a pretensão estatal de aplicar a pena e o direito, do acusado, de elidir essa pretensão", razão pela qual "a prisão antes do trânsito em julgado da condenação somente pode ser decretada a título cautelar".[55] Posteriormente, em decisão inicialmente tomada em outro *habeas corpus* e reafirmada em recurso extraordinário com repercussão geral, o STF voltou a admitir a prisão antes do trânsito em julgado.[56] A matéria, porém, se manteve polêmica até ser definitivamente julgada, em controle concentrado, oportunidade na qual a Corte retornou à posição inaugurada no habeas julgado pelo Ministro Eros Grau e assentou que que a prisão antes do trânsito em julgado somente pode ser decretada a título cautelar e a antecipação da execução penal é vedada por força da redação atual do art. 283 do Código de Processo Penal (ADC's nº 43 e 44).

7. *Habeas corpus* coletivo

O *habeas corpus* tradicionalmente era considerado um instrumento da proteção da liberdade individual de locomoção destinado a pacientes determinados. Não se trataria, portanto, de um instrumento de tutela coletiva. Por essa razão, aliás, não há expressa previsão constitucional de um *writ* coletivo para tais casos, diferentemente do que ocorre com o mandado de segurança.

Ocorre que, num cenário de violações sistemáticas e coletivas à liberdade de locomoção pelo Poder Público, a doutrina passou a

[54] ZAVASCKI, Teori Albino. *Eficácia das sentenças na jurisdição constitucional*. 4. ed. São Paulo: Revista dos Tribunais, 2017, p. 53.

[55] STF, HC 84078, Relator Min. Eros Grau, Tribunal Pleno, julgado em 05/02/2009.

[56] STF, ARE 964246 RG, Relator Min. Teori Zavascki, julgado em 10/11/2016.

defender a possibilidade de impetração de *habeas corpus* coletivo. Essa tese foi parcialmente aceita pelo Supremo Tribunal Federal no ano de 2018, quando foi concedido o primeiro *habeas corpus* coletivo da história constitucional brasileira e cuja ementa, pela especial relevância, merece transcrição (HC 143.641, STF – 2018):

> *HABEAS CORPUS* COLETIVO. ADMISSIBILIDADE. DOUTRINA BRASILEIRA DO *HABEAS CORPUS*. MÁXIMA EFETIVIDADE DO WRIT. MÃES E GESTANTES PRESAS. RELAÇÕES SOCIAIS MASSIFICADAS E BUROCRATIZADAS. GRUPOS SOCIAIS VULNERÁVEIS. ACESSO À JUSTIÇA. FACILITAÇÃO. EMPREGO DE REMÉDIOS PROCESSUAIS ADEQUADOS. LEGITIMIDADE ATIVA. APLICAÇÃO ANALÓGICA DA LEI Nº 13.300/2016. MULHERES GRÁVIDAS OU COM CRIANÇAS SOB SUA GUARDA. PRISÕES PREVENTIVAS CUMPRIDAS EM CONDIÇÕES DEGRADANTES. INADMISSIBILIDADE. PRIVAÇÃO DE CUIDADOS MÉDICOS PRÉ-NATAL E PÓS-PARTO. FALTA DE BERÇÁRIOS E CRECHES. ADPF 347 MC/DF. SISTEMA PRISIONAL BRASILEIRO. ESTADO DE COISAS INCONSTITUCIONAL. CULTURA DO ENCARCERAMENTO. NECESSIDADE DE SUPERAÇÃO. DETENÇÕES CAUTELARES DECRETADAS DE FORMA ABUSIVA E IRRAZOÁVEL. INCAPACIDADE DO ESTADO DE ASSEGURAR DIREITOS FUNDAMENTAIS ÀS ENCARCERADAS. OBJETIVOS DE DESENVOLVIMENTO DO MILÊNIO E DE DESENVOLVIMENTO SUSTENTÁVEL DA ORGANIZAÇÃO DAS NAÇÕES UNIDAS. REGRAS DE BANGKOK. ESTATUTO DA PRIMEIRA INFÂNCIA. APLICAÇÃO À ESPÉCIE. ORDEM CONCEDIDA. EXTENSÃO DE OFÍCIO. I – Existência de relações sociais massificadas e burocratizadas, cujos problemas estão a exigir soluções a partir de remédios processuais coletivos, especialmente para coibir ou prevenir lesões a direitos de grupos vulneráveis. II – Conhecimento do *writ* coletivo homenageia nossa tradição jurídica de conferir a maior amplitude possível ao remédio heroico, conhecida como doutrina brasileira do *habeas corpus*. III – Entendimento que se amolda ao disposto no art. 654, § 2º, do Código de Processo Penal - CPP, o qual outorga aos juízes e tribunais competência para expedir, de ofício, ordem de *habeas corpus*, quando no curso de processo, verificarem que alguém sofre ou está na iminência de sofrer coação ilegal. IV – Compreensão que se harmoniza também com o previsto no art. 580 do CPP, que faculta a extensão da ordem a todos que se encontram na mesma situação processual. V – Tramitação de mais de 100 milhões de processos no Poder Judiciário, a cargo de pouco mais de 16 mil juízes, a qual exige que o STF prestigie remédios processuais de natureza coletiva para emprestar a máxima eficácia ao mandamento constitucional da razoável duração do processo e ao princípio universal da efetividade da prestação jurisdicional VI – A legitimidade ativa do *habeas corpus* coletivo, a princípio, deve ser reservada àqueles listados no art. 12 da Lei nº 13.300/2016, por analogia ao que dispõe a legislação referente ao mandado de injunção coletivo. VII – Comprovação nos autos de existência de situação estrutural em que mulheres grávidas e mães de crianças (entendido o vocábulo aqui em seu sentido legal, como a pessoa de até doze anos de idade incompletos, nos termos do art. 2º do Estatuto da Criança e do Adolescente - ECA) estão, de fato, cumprindo prisão preventiva em situação degradante, privadas de cuidados médicos pré-natais e pós-parto, inexistindo, outrossim berçários e creches para seus filhos. VIII – "Cultura do encarceramento" que se evidencia pela exagerada e irrazoável imposição de prisões provisórias a mulheres pobres e vulneráveis, em decorrência de excessos na interpretação e aplicação da lei penal, bem assim da processual penal,

mesmo diante da existência de outras soluções, de caráter humanitário, abrigadas no ordenamento jurídico vigente. IX – Quadro fático especialmente inquietante que se revela pela incapacidade de o Estado brasileiro garantir cuidados mínimos relativos à maternidade, até mesmo às mulheres que não estão em situação prisional, como comprova o "caso Alyne Pimentel", julgado pelo Comitê para a Eliminação de todas as Formas de Discriminação contra a Mulher das Nações Unidas. X – Tanto o Objetivo de Desenvolvimento do Milênio nº 5 (melhorar a saúde materna) quanto o Objetivo de Desenvolvimento Sustentável nº 5 (alcançar a igualdade de gênero e empoderar todas as mulheres e meninas), ambos da Organização das Nações Unidades, ao tutelarem a saúde reprodutiva das pessoas do gênero feminino, corroboram o pleito formulado na impetração. X – Incidência de amplo regramento internacional relativo a Direitos Humanos, em especial das Regras de Bangkok, segundo as quais deve ser priorizada solução judicial que facilite a utilização de alternativas penais ao encarceramento, principalmente para as hipóteses em que ainda não haja decisão condenatória transitada em julgado. XI – Cuidados com a mulher presa que se direcionam não só a ela, mas igualmente aos seus filhos, os quais sofrem injustamente as consequências da prisão, em flagrante contrariedade ao art. 227 da Constituição, cujo teor determina que se dê prioridade absoluta à concretização dos direitos destes. XII – Quadro descrito nos autos que exige o estrito cumprimento do Estatuto da Primeira Infância, em especial da nova redação por ele conferida ao art. 318, IV e V, do Código de Processo Penal. XIII – Acolhimento do *writ* que se impõe de modo a superar tanto a arbitrariedade judicial quanto a sistemática exclusão de direitos de grupos hipossuficientes, típica de sistemas jurídicos que não dispõem de soluções coletivas para problemas estruturais. XIV – Ordem concedida para determinar a substituição da prisão preventiva pela domiciliar - sem prejuízo da aplicação concomitante das medidas alternativas previstas no art. 319 do CPP - de todas as mulheres presas, gestantes, puérperas ou mães de crianças e deficientes, nos termos do art. 2º do ECA e da Convenção sobre Direitos das Pessoas com Deficiências (Decreto Legislativo 186/2008 e Lei nº 13.146/2015), relacionadas neste processo pelo DEPEN e outras autoridades estaduais, enquanto perdurar tal condição, excetuados os casos de crimes praticados por elas mediante violência ou grave ameaça, contra seus descendentes ou, ainda, em situações excepcionalíssimas, as quais deverão ser devidamente fundamentadas pelos juízes que denegarem o benefício. XV – Extensão da ordem de ofício a todas as demais mulheres presas, gestantes, puérperas ou mães de crianças e de pessoas com deficiência, bem assim às adolescentes sujeitas a medidas socioeducativas em idêntica situação no território nacional, observadas as restrições acima (HC 143641, Relator Min. Ricardo Lewandowski, Segunda Turma, julgado em 20/02/2018).

Após o mencionado julgamento pelo Supremo Tribunal Federal, foi aprovada a **Lei nº 13.769/18**, destinada a flexibilizar os casos de prisão de mulheres gestantes e mães ou responsáveis por crianças ou pessoas com deficiência.

O Código de Processo Penal foi, então, alterado para que elas tenham a prisão preventiva substituída por prisão domiciliar quando o crime: (a) não tenha sido cometido com violência ou grave ameaça a pessoa e (b) não tenha sido cometido contra filho ou dependente (art. 318-A, CPP). Além disso, a Lei de Execução Penal foi alterada para que a progressão de regime, dentre outros requisitos, possa ser realizada quando houver o cumprimento de 1/8 da pena no regime anterior (art. 112, § 3º, LEP), disposição que é aplicável inclusive quando se tratar de crimes hediondos (art. 2º, § 2º, da Lei nº 8.072/90).

Ainda em agosto de 2018, reforçando a viabilidade jurídica desse novo instrumento, o Ministro Edson Fachin concedeu liminarmente a ordem em *habeas corpus* coletivo para reduzir a taxa de ocupação de Unidade de Internação de adolescentes apreendidos no Espírito Santo devido à superlotação. Consignou, na oportunidade, que os adolescentes deveriam ser transferidos de unidade ou, subsidiariamente, ser incluídos em programa de cumprimento aberto de medidas sócio educativas (HC 143.988, STF).[57]

Em maio de 2019, concretizando entendimento de tribunais superiores, em *writ* impetrado pela Defensoria Pública local, o Tribunal de Justiça do Rio Grande do Sul (TJRS) concedeu a ordem em *habeas corpus* coletivo proibindo que presos ficassem detidos em viaturas ou outros locais insalubres enquanto aguardassem encaminhamento para estabelecimentos prisionais. De fato, havia se tornado comum a prática de, à míngua de vagas em estabelecimentos prisionais, manter acusados presos em viaturas e celas de delegacias, sem plenas condições de salubridade. Nessa esteira, em decisão inédita, o Tribunal de Justiça do Rio Grande do Sul determinou que todas as prisões realizadas em tais condições fossem reavaliadas pelos juízos de origem em relação ao grupo indicado pela Defensoria Pública.[58]

[57] STF, HC 143988 AgR, Decisão Monocrática, Relator Min. Edson Fachin, julgado em 16/08/2018.

[58] TJRS, HC nº 70081452401, Decisão Monocrática, Rel. Des. Vanderlei Teresinha Tremeia Kubiak, j. 10/05/2019.

Capítulo 3

Habeas data

1. Conceito

O *habeas data* é a garantia constitucional voltada à proteção do direito à informação e que permite, de forma célere, o acesso e/ou a retificação de informações próprias perante o Poder Público (art. 5º, LXXII, CF/88). Trata-se de ação constitucional que revela direito processual a um procedimento diferenciado e célere voltado à pronta tutela do direito de acesso à informação.

É uma reação histórica e política à severa restrição ao direito à informação presente no regime político anterior, em que não raras situações eram propositalmente esquecidas nos "porões da ditadura" ou dados eram falsamente inseridos em registros para posteriormente ocasionar alguma implicação escusa, verdadeira "malversação de informações sobre a vida privada dos cidadãos".[59] Sobre o assunto, é irretocável a conclusão de José Carlos Barbosa Moreira:

> No Brasil, durante os governos discricionários que se sucederam ao longo de duas décadas, razões bem fundadas fizeram surgir, ou aumentar, uma inquietação relativamente nova, ou quando menos revestida de nova forma. Informações aleatoriamente colhidas, em fontes de discutível idoneidade e por meios escusos, não raro manipuladas sem escrúpulos, ou mesmo fabricadas pela paranóia de órgãos repressivos, viram-se incorporadas a registros oficiais ou paraoficiais e passaram a fornecer critérios de avaliação para a imposição de medidas punitivas ou discriminatórias. Tais critérios eram insuscetíveis de objeção e discussão, até pelo simples e óbvio motivo de que os interessados não tinham acesso aos dados constantes dos registros. Ninguém pode sequer tentar demonstrar a falsidade ou incorreção de algo que ignora em que consiste ... Situação desse gênero foi literariamente imortalizada pela pena de Kafka.[60]

Com o advento da Constituição Cidadã, passa a vigorar o princípio da publicidade e que, por decorrência, acarreta a exigência de um

[59] BARROSO, Luis Roberto. A viagem redonda: *habeas data*, direitos constitucionais e as provas ilícitas. *Revista de Direito Administrativo*, Rio de Janeiro, v. 213, p. 149-164, jul. 1998, p. 149.

[60] MOREIRA, José Carlos Barbosa. O *habeas data* brasileiro e sua lei regulamentadora. *Revista de Direito Administrativo*, Rio de Janeiro, v. 211, p. 47-63, jan. 1998, p. 49.

poder público transparente. Ademais, "todos têm direito a receber dos órgãos públicos informações de seu interesse particular, ou de interesse coletivo ou geral, que serão prestadas no prazo da lei, sob pena de responsabilidade, ressalvadas aquelas cujo sigilo seja imprescindível à segurança da sociedade e do Estado" (art. 5º, XXXIII, CF/88).

O remédio constitucional em questão é detalhado pela Lei nº 9.507/97, que regulamenta o direito de acesso à informação e disciplina o rito processual do *habeas data*. Por imposição constitucional, a ação é gratuita (art. 5º, LXXII, CF/88).

2. Cabimento

O objeto do *habeas data* é o direito à privacidade e o direito de acesso à informação.[61] Cumpre lembrar que, em um Estado Democrático de Direito, ainda que se aceite o excepcional sigilo de informações em razão da proteção da própria sociedade e do Estado, o que impede o manejo do remédio, a regra é que as informações de caráter pessoal fiquem à disposição do seu titular.[62] Assim, em síntese, o *habeas data* é instrumento de proteção do "direito líquido e certo" às informações pessoais e de caráter público "que sejam ou que possam ser transmitidas a terceiros ou que não sejam de uso privativo do órgão ou entidade produtora ou depositária das informações" (art. 1º, parágrafo único, Lei nº 9.507/97).

O cabimento do *habeas data* tem assento no próprio texto constitucional ao estabelecer que ele será concedido para "assegurar o conhecimento de informações relativas à pessoa do impetrante, constantes de registros ou bancos de dados de entidades governamentais ou de caráter público" ou para a "retificação de dados, quando não se prefira fazê-lo por processo sigiloso, judicial ou administrativo" (art. 5º, LXXII, CF/88). Essa previsão é detalhada na legislação infraconstitucional (art. 7º, Lei nº 9.507/97). Assim, na perspectiva do interesse-adequação, a medida apenas é cabível para os seguintes casos:

(a) ***Conhecimento de informações pessoais***: neste caso, o propósito do impetrante é a obtenção de informações pessoais dele e que estejam de posse da autoridade coatora. Conforme já adiantado, o direito de acesso a dados do próprio titular é a regra no Estado Democrático de Direito,

---

[61] NEVES, Daniel Amorim Assumpção. *Ações constitucionais*. 3. ed. Salvador: Juspodivm, 2017, p. 271

[62] MENDES, Gilmar Ferreira; BRANCO, Paulo Gustavo Gonet. *Curso de direito constitucional*. 8. ed. São Paulo: Saraiva, 2013, p. 433.

razão pela qual não é necessário apresentar os motivos pelos quais se pretende a obtenção desses dados (art. 7º, I, Lei nº 9.507/97).

(b) ***Retificação de dados pessoais***: neste caso, o impetrante não busca obter dados, mas sim retificar dados existentes em algum registro ou banco de dados. Assim, em princípio, exige-se o prévio conhecimento acerca dos dados cuja retificação é pretendida. Como a regra dos remédios constitucionais é a publicidade do processo, houve expressa previsão de que a retificação poderia ser pleiteada mediante processo sigiloso, judicial ou administrativo (art. 7º, II, Lei nº 9.507/97).

(c) ***Complementação de informações pessoais***: neste caso, que não tem previsão constitucional, busca-se a "a anotação nos assentamentos do interessado, de contestação ou explicação sobre dado verdadeiro mas justificável e que esteja sob pendência judicial ou amigável" (art. 7º, III, Lei nº 9.507/97). Segundo a doutrina, essa complementação exige a demonstração concreta da necessidade da medida, isto é, de que a ausência de complementação poderia causar algum prejuízo ao impetrante.

Em todas as hipóteses acima citadas, exige-se que a informação seja do próprio titular. Trata-se de requisito básico para o cabimento do *habeas data* e que exclui o seu manejo para a obtenção de outras informações públicas que não sejam atinentes ao impetrante, fato que torna essa garantia constitucional com objeto "demasiadamente restrito".[63]

O cabimento do *habeas data*, para além dos tipos acima descritos, também exige a demonstração da necessidade da medida para a solução da controvérsia. Trata-se aqui da projeção do interesse processual, na perspectiva da necessidade, no rito específico do *habeas data*. Assim é que não cabe *habeas data* sem a ***prévia recusa de acesso*** ou a ***demora da autoridade coatora***. Exige-se, pois, a prova da recusa ao acesso, à retificação ou à complementação (Súmula 2, STJ). Caso tenha decorrido o prazo legal para manifestação, a omissão também justifica o cabimento do *habeas data*. Para que não fique qualquer dúvida:

- Não cabe *habeas data* para a obtenção de informações de interesse público que não sejam do titular.
- Não cabe *habeas data* sem que haja prévia recusa ou demora do impetrante na quanto ao acesso, à retificação ou à complementação da informação.
- Não cabe *habeas data* se o sigilo da informação é imprescindível para a segurança da sociedade ou do Estado.[64]

---

[63] MENDES, Gilmar Ferreira; BRANCO, Paulo Gustavo Gonet. *Curso de direito constitucional*. 8. ed. São Paulo: Saraiva, 2013, p. 433.

[64] Conforme acentuado por Gilmar Mendes e Paulo Gonet Branco, a questão central sobre o instituto, na realidade, diz respeito ao direito material, isto é, quais são exatamente as informações que podem ser obtidas e ou retificadas. A questão é delicada na medida em que o texto consti-

Por fim, cumpre destacar recente julgamento do Supremo Tribunal Federal em que se admitiu o manejo de *habeas data*, pelo contribuinte, para obtenção dos dados concernentes ao pagamento de tributos constantes de sistemas informatizados de apoio à arrecadação dos órgãos da administração fazendária dos entes públicos.[65] No julgamento em questão, vale mencionar, houve uma sinalização pelo reconhecimento do direito fundamental à proteção de dados ou da "autodeterminação informativa" do indivíduo, tal como já afirmado pelo Tribunal Constitucional Alemão.[66]

3. Legitimidade

A legitimidade ativa é ampla, já que não há qualquer disposição legal restritiva no ponto. A doutrina admite a impetração por pessoa natural ou pessoa jurídica, sejam elas nacionais ou estrangeiras. Admite-se, também, a impetração por pessoa jurídica de direito público. Cumpre reiterar, porém, que a ação é personalíssima, já que as informações pretendidas devem dizer respeito ao impetrante.[67] Trata-se, portanto, de legitimação ordinária.

Como a ação é personalíssima,[68] há divergência sobre a possibilidade de transferência da legitimidade ativa. Assim, uma primeira corrente aponta que não é possível a mudança na legitimidade ativa, já que apenas o titular do direito poderia exercê-lo. Já uma segunda

---

tucional ressalva que o acesso à informação não abrange dados cujo sigilo seja imprescindível à segurança da sociedade e do Estado (art. 5º, XXXIII, CF/88), muito embora "tal ressalva não pode ser banalizada, sob pena de se tornar inócua a garantia de que se cuida" (MENDES, Gilmar Ferreira; BRANCO, Paulo Gustavo Gonet. *Curso de direito constitucional*. 8. ed. São Paulo: Saraiva, 2013, p. 434). Com efeito, nos dias atuais é intolerável a conclusão de Hely Lopes Meirelles no sentido de que os registros pessoais do titular de posse do então Serviço Nacional de Informações (SNI) não pudessem ser acessados pela via do *habeas data* (MEIRELLES, Hely Lopes. *Mandado de segurança: ação popular, ação civil pública, mandado de injunção, habeas data*. 13ª ed. São Paulo: Revista dos Tribunais, 1989, p. 153). Uma vez mais, cumpre referência à preciosa lição de José Carlos Barbosa Moreira: "a ninguém se deve negar o conhecimento do que outros sabem ou supõem saber a seu respeito, nem a possibilidade de contestar a exatidão de tais noções e, sendo o caso, retificar o respectivo teor, principalmente quando a utilização dos elementos coligidos seja capaz de causar dano material ou moral" (MOREIRA, José Carlos Barbosa. O *habeas data* brasileiro e sua lei regulamentadora. Revista de Direito Administrativo, Rio de Janeiro, v. 211, p. 47-63, jan. 1998, p. 50).

[65] STF, RE 673707, Relator Min. Luiz Fux, Tribunal Pleno, julgado em 17/06/2015

[66] CUNHA E CRUZ, Marco Aurélio Rodrigues da; CASTRO, Matheus Felipe de. O *habeas data* e a concretização do direito à proteção de dados pessoais na metódica constitucional de friedrich müller. *Revista Direitos e Garantias Fundamentais*, Vitória, v. 19, n. 1, p. 191-230, jan./abr.2018.

[67] NEVES, Daniel Amorim Assumpção. *Ações constitucionais*. 3. ed. Salvador: Juspodivm, 2017, p. 289.

[68] SILVA, Jose Afonso da. *Curso de direito constitucional positivo*. 24. ed. São Paulo: Malheiros 2005, p. 454.

corrente afirma ser possível a transferência da legitimidade ativa, de modo a garantir que esse direito seja exercido, por exemplo, por seus sucessores. Registra-se posição favorável do Superior Tribunal de Justiça na legitimação ativa superveniente do cônjuge em razão do óbito do esposo falecido.[69]

Essa mesma polêmica doutrinária se estende à atuação do Ministério Público quando age em nome próprio na busca de direito alheio. É que a legitimação extraordinária é incompatível com ações personalíssimas. Assim, prevalece o entendimento de que o MP apenas tem legitimidade ativa para impetrar *habeas data* quando busca informações ou retificações atinentes a sua própria instituição.

A legitimidade passiva, por seu turno, é do órgão ou entidade que possui a informação que se pretende obter, retificar ou complementar. Essa conclusão decorre da própria Lei nº 9.507/97 ao prever que "o requerimento será apresentado ao órgão ou entidade depositária do registro ou banco de dados e será deferido ou indeferido no prazo de quarenta e oito horas" (art. 2º, Lei nº 9.507/97).

Em princípio, o *habeas data* é impetrado em face de uma pessoa jurídica de direito público, já que o objeto do remédio é informação de "caráter público" e, normalmente, tais informações constam de órgãos ou entidades públicas. Todavia, a própria Lei nº 9.507/97 dispõe que a informação de caráter público é "todo registro ou banco de dados contendo informações que sejam ou que possam ser transmitidas a terceiros ou que não sejam de uso privativo do órgão ou entidade produtora ou depositária das informações" (art. 1º, parágrafo único). É possível, portanto, que pessoas jurídicas de direito privado guardem informações pessoas de caráter público a atrair a legitimidade passiva para o *habeas data* (exemplo: SPC, SERASA).[70]

4. Competência

A competência para processo e julgamento do *habeas data* leva em consideração a pessoa que é responsável pela exibição, anotação ou correção da informação pretendida. O assunto é detalhado no art. 20 da Lei nº 9.507/97.

A competência originária do Supremo Tribunal Federal se apresenta contra atos do Presidente da República, das Mesas da Câmara

---

[69] STJ, HD 147/DF, Rel. Ministro Arnaldo Esteves Lima, Terceira Seção, julgado em 12/12/2007, DJ 28/02/2008.

[70] MENDES, Gilmar Ferreira; BRANCO, Paulo Gustavo Gonet. *Curso de direito constitucional*. 8. ed. São Paulo: Saraiva, 2013, p. 433.

dos Deputados e do Senado Federal, do Tribunal de Contas da União, do Procurador-Geral da República e do próprio Supremo Tribunal Federal (art. 20, I, *a*, Lei nº 9.507/97). Já a competência originária do Superior Tribunal de Justiça ocorre contra atos de Ministro de Estado ou do próprio Tribunal (art. 20, I, *b*, Lei nº 9.507/97).

A competência será dos Tribunais Regionais Federais contra atos do próprio Tribunal ou de juiz federal (art. 20, I, *c*, Lei nº 9.507/97) e dos Tribunais Estaduais nos casos em que vier a dispor a respectiva Constituição Estadual (art. 20, I, *e*, Lei nº 9.507/97). Quando a competência não for atribuída a tribunais, ela será residualmente conferida aos juízes de primeiro grau – juízes federais quando se tratar de autoridade federal (art. 20, *d*, Lei nº 9.507/97) e juízes estaduais nos demais casos (art. 20, *f*, Lei nº 9.507/97).

A competência recursal também é detalhada no art. 20 da Lei nº 9.507/97. É assim que, a competência para julgamento de eventual recurso caberá: "a) ao Supremo Tribunal Federal, quando a decisão denegatória for proferida em única instância pelos Tribunais Superiores; b) ao Superior Tribunal de Justiça, quando a decisão for proferida em única instância pelos Tribunais Regionais Federais; c) aos Tribunais Regionais Federais, quando a decisão for proferida por juiz federal; d) aos Tribunais Estaduais e ao do Distrito Federal e Territórios, conforme dispuserem a respectiva Constituição e a lei que organizar a Justiça do Distrito Federal" (art. 20, II).

5. Procedimento

A Lei nº 9.507/97, além de detalhar o procedimento relativo ao *habeas data*, estabelece algumas providências prévias que devem ser tomadas antes do ajuizamento da ação. Trata-se, para alguns, de uma "fase pré-processual" antecedente à judicialização da questão controvertida.[71]

Na realidade, os dispositivos iniciais da Lei nº 9.507/97 especificam como deve ser concretizado o direito tutelado pelo *habeas data* na esfera administrativa, franqueando ao titular o conhecimento de informações, a retificação de dados e a anotação em assentamentos sem que haja a necessidade de intervenção judicial. Por outro lado, diante da existência dessa via não judicial, a admissibilidade do *habeas data*

[71] NEVES, Daniel Amorim Assumpção. *Ações constitucionais*. 3. ed. Salvador: Juspodivm, 2017, p. 278.

dependerá da demonstração da prévia recusa de acesso ou a demora da autoridade coatora na realização das providências buscadas.

Antes do ajuizamento do *habeas data*, caberá à parte interessada formular requerimento a órgão ou entidade depositária do registro ou banco de dados a ser apreciado mediante decisão no prazo de quarenta e oito horas (art. 2º). Por ocasião do deferimento, "o depositário do registro ou do banco de dados marcará dia e hora para que o requerente tome conhecimento das informações" (art. 3º). Tomando ciência das informações, caso verifique alguma inexatidão, a parte poderá requerer a sua retificação mediante petição e eventuais documentos comprobatórios (art. 4º). Após a entrada do requerimento ("protocolo"), a autoridade deverá efetuar a retificação no prazo de dez dias e dar ciência à parte (art. 4º, § 1º). Caso seja indeferido o pedido da parte na via administrativa ou caso decorra o prazo legal, estará caracterizado o interesse-necessidade que justifica a impetração de *habeas data*.

O procedimento judicial do *habeas data* busca ser célere e sem dilações indevidas. Trata-se de rito muito semelhante àquele previsto para o mandado de segurança, revelando "patente afinidade" entre os institutos.[72] As principais etapas podem ser didaticamente apresentadas da seguinte forma:

(1º) **Petição inicial**: a petição inicial observa os requisitos gerais do CPC (art. 8º). Além disso, ela deve ser instruída com a prova da recusa ao acesso às informações ou a recusa da retificação ou anotação pretendidos. Caso não haja uma recusa expressa, é preciso demonstrar que houve o decurso de prazo superior a dez dias para o acesso à informação ou quinze dias para eventuais retificações ou anotações (art. 8º, parágrafo único).

(2º) **Posturas do juiz**: logo de início, o magistrado poderá indeferir a petição inicial quando não for cabível o *habeas data* ou quando estiver algum dos seus requisitos legais (art. 10). Caso a petição inicial esteja regular, por outro lado, caberá ao magistrado determinar a notificação da autoridade coatora para prestar informações no prazo de dez dias (art. 9º).

(3º) **Tutela de urgência**: não há previsão legal específica acerca sobre qualquer espécie de tutela provisória no âmbito da Lei nº 9.507/97. Contudo, prevalece o entendimento de que é possível o deferimento de tutela provisória em *habeas data*, desde que preenchidos os requisitos legais gerais em relação a essa tutela. Discute-se, entretanto, sobre o emprego das regras previstas no Código de Processo Civil ou da Lei nº 12.016/09. É certo, por outro lado, que deverá ser aplicado o regime jurídico da tutela provisória em face do poder público.

[72] MOREIRA, José Carlos Barbosa. O *habeas data* brasileiro e sua lei regulamentadora. *Revista de Direito Administrativo*, Rio de Janeiro, v. 211, p. 47-63, jan. 1998, p. 58

(4º) **Informações e defesa**: a autoridade coatora será notificada para prestar informações no prazo de dez dias (art. 9º). Segundo autorizada doutrina, as informações possuem verdadeiro conteúdo de contestação, já que a autoridade coatora deverá alegar as matérias típicas de defesa.[73] Em razão da proximidade entre o *habeas data* e o mandado de segurança, mesmo sem previsão na Lei nº 9.507/97, admite-se que a pessoa jurídica de direito público a que a autoridade coatora esteja vinculada também seja intimada.[74]

(5º) **Ministério Público**: após o prazo para a prestação das informações, será ouvido o representante do Ministério Público. O prazo para manifestação do *parquet* é de cinco dias (art. 12). Nesses casos, o Ministério Público figura nos autos como fiscal da lei, e não como parte do processo.

(6º) **Decisão final**: com ou sem apresentação de informações e decorrido o prazo para manifestação do Ministério Público, a ação já se encontra em condições de julgamento, caso em que os autos são conclusos para julgamento no prazo de cinco dias (art. 12). Cumpre lembrar que o *habeas data* é ação de procedimento sumário e que não comporta qualquer dilação probatória. Assim, todos os elementos de prova deverão ser sido apresentados em conjunto com a petição inicial. Quando a competência de julgamento é atribuída aos juízes de primeiro grau, a ação é encerrada por sentença e, no âmbito dos tribunais, mediante acórdão (decisão colegiada). A decisão final poderá ser favorável ou contrária ao impetrante e, caso não haja exame do mérito, a ação pode ser renovada (art. 18).

(7º) **Cumprimento**: a decisão favorável acarreta na ordem para cumprimento daquilo que é pedido em juízo, isto é, a apresentação de informações sobre o impetrante, a retificação de dados ou a realização de anotações em assentamentos. Assim, julgado procedente o pedido, o juiz assinalará prazo para que tais providências sejam realizadas (art. 13).

(8º) **Recursos**: em matéria recursal, há que se ponderar que a Lei nº 9.507/97 traz disposições incompletas, exigindo compatibilização com o Código de Processo Civil.[75] Assim, quando o procedimento correr perante juízes de primeiro grau, decisões interlocutórias apenas são recorríveis nas hipóteses previstas no art. 1.015 do CPC. Além disso, a decisão final que acarretar o encerramento da fase de conhecimento pode ser controlada por apelação. Por essa razão, da sentença que conceder ou negar o *habeas data* cabe apelação (art. 15). Ponto interessante é que a apelação em face dessa decisão não possui efeito suspensivo (art. 15, parágrafo único), razão pela qual o pronunciamento deve ser imediatamente cumprido. Quando o procedimento tramitar perante os tribunais

[73] NEVES, Daniel Amorim Assumpção. *Ações constitucionais*. 3. ed. Salvador: Juspodivm, 2017, p. 284.

[74] Idem, p. 285.

[75] Idem, p. 294.

inferiores, eventual recurso será direcionado para o Superior Tribunal de Justiça (art. 20, II, *b*); já quando tramitar perante os tribunais superiores, o recurso será direcionada para o Supremo Tribunal Federal (art. 20, II, *a*). E embora não haja expressa menção, são cabíveis os recurso excepcionais previstos na Constituição (recurso especial e recurso extraordinário).

6. Efeitos (da decisão)

O efeito principal da decisão favorável é a concessão da ordem para reconhecer o direito à informação, à retificação ou à anotação e determinar que seja realizada a conduta necessária para afastar a abusividade praticada pela autoridade coatora. A decisão final, portanto, reconhece o direito pleiteado, além de determinar a realização da conduta necessária ao resultado prático relativo a esse direito. Trata-se, pois, de eficácia mandamental[76] preponderante dirigida ao Poder Público.

7. *Habeas data* coletivo

O *habeas data* é um instrumento de tutela individual e de utilização com baixa incidência no aspecto prático. Em razão do seu caráter personalíssimo, aqueles que inicialmente se aventuraram em tratar de uma dimensão coletiva da ação, aduziram que ela seria inviável.[77] Todavia, já há entendimento doutrinário favorável a um "*habeas data* coletivo".[78]

Com o crescimento do armazenamento e processamento de dados, inclusive atinentes a informações pessoais, é crível que novos conflitos sociais surjam e demandem solução pela tutela jurisdicional. A natureza personalíssima de um direito não é considerada óbice para que seja viável a tutela coletiva deste direito, desde que se enquadre

[76] MOREIRA, José Carlos Barbosa. O *habeas data* brasileiro e sua lei regulamentadora. *Revista de Direito Administrativo*, Rio de Janeiro, v. 211, p. 47-63, jan. 1998, p. 59.

[77] ROTHENBURG, Walter Claudius. Réquiem para o *habeas data* (o *habeas data* e a nova Lei nº 9.507/97). In: ALVIM, Teresa Celina Arruda (coord.). *Habeas data*. São Paulo : Rev. dos Tribunais, 1998. p. 372-389.

[78] MOURÃO NETO, Samuel Francisco. Arquivos de consumo (cadastros e bancos de dados de consumidores) e *habeas data* (individual e coletivo), 2012. Disponível em: <http://www.pucsp.br/tutelacoletiva/download/artigo_samuel.pdf>. Acesso em: 14/01/2019. No julgamento do STF que tratava do acesso, mediante *habeas data*, a dados do contribuinte disponíveis no âmbito da Receita Federal, consta da ementa que ele é também um garantia de "direitos coletivos", muito embora não tenha havido qualquer debate sobre o assunto entre os ministros (RE 673707, Relator Min. Luiz Fux, Tribunal Pleno, julgado em 17/06/2015) .

em alguma categoria de direito coletivo. Nesse sentido, afigurar-se-ia, em princípio, admissível eventual pretensão coletiva na tutela de direito fundamental à proteção de dados.

Capítulo 4

Mandado de segurança

1. Conceito

O mandado de segurança é a garantia constitucional que possibilita a proteção de "direito líquido e certo, não amparado por *habeas corpus* ou *habeas data*, quando o responsável pela ilegalidade ou abuso de poder for autoridade pública ou agente de pessoa jurídica no exercício de atribuições do Poder Público" (art. 5º, LXIX).

Trata-se, na acurada definição de Hely Lopes Meirelles, do "meio constitucional posto à disposição de toda pessoa física ou jurídica, órgão com capacidade processual, ou universalidade reconhecida por lei, para a proteção de direito individual ou coletivo, líquido e certo, não amparado por *habeas corpus* ou *habeas data*, lesado ou ameaçado de lesão, por ato de autoridade, seja de que categoria for e sejam quais forem as funções que exerça".[79]

O mandado de segurança é um dos mais antigos remédios para a tutela jurisdicional dos direitos fundamentais, razão pela qual ostenta relevância ímpar para um Estado Democrático de Direito. Na ordem jurídica brasileira, foi uma inovação da Constituição de 1934 (art. 133, n. 33), posteriormente detalhado através da Lei nº 1.533/51 e refinado pela Lei nº 12.016/09.[80] Muito do que se escreveu sobre a Lei nº 1.533/51, ainda é válido sob a égide da Lei nº 12.016/09 em razão da manutenção das premissas dogmáticas fundamentais que orientam o *writ*, especialmente quanto à sua compreensão constitucional.

Ele pode ser considerado um dos remédios constitucionais de utilização mais ampla, já que os seus requisitos de admissibilidade

[79] MEIRELLES, Hely Lopes. *Mandado de segurança:* ação popular, ação civil pública, mandado de injunção, habeas data. 13ª ed. São Paulo: Revista dos Tribunais, 1989, p. 3.

[80] No aspecto infraconstitucional, a primeira lei de regência foi a Lei nº 191/36 e, posteriormente, a matéria foi inserida no CPC/39, que passou a regular o assunto. Após, foi editada a Lei nº 1531/51, que voltou a dar tratamento específico ao mandado de segurança. Essa lei teve longa vigência, mantendo-se na ordem jurídica até o advento da Lei nº 12.016/09.

tornam, em larga escala, praticamente quaisquer atividades do Poder Público sindicáveis por essa via célere e protetiva de direitos fundamentais. É por essa razão que o mandado de segurança pode ser objeto de estudo em praticamente todos os ramos do direito como, por exemplo, no Direito Constitucional (mandado de segurança impetrado por parlamentar na defesa do devido processo legislativo), no Direito Penal (mandado de segurança impetrado em face de ato judicial insuscetível de recurso com efeito suspensivo), no Direito Administrativo (mandado de segurança impetrado contra ato administrativo) etc.

É prevalente o entendimento de que a ação possui caráter civil,[81] razão pela qual deve ser informada pelo Direito Processual Civil, cujo regramento subsidiariamente se aplica. Na atualidade, contudo, não se pode negar o caráter constitucional dessa garantia, informada diretamente pela Constituição.

2. Cabimento

Apesar da importância que ostenta, vários requisitos que devem ser preenchidos para que o juízo de admissibilidade do mandado de segurança seja superado.[82] De todo modo, até mesmo por uma questão de didática, cumpre apontar os pressupostos para que essa garantia constitucional possa ser manejada.[83]

2.1. Requisitos gerais

A locução constitucional não deixa qualquer dúvida quanto ao objeto do mandado de segurança. Trata-se de ação constitucional que tutela um direito líquido e certo violado ou ameaçado por uma conduta de autoridade pública. Assim, o que se exige é que haja um ***ato de autoridade pública*** que viole ***direito líquido e certo*** e que esse ***direito não seja amparado por* habeas corpus *ou* habeas data**. Adicione-se que a Lei nº 12.016/09 trata da ***tempestividade*** do mandado de segurança ao estabelecer um prazo para a impetração.

(1º) **Autoridade Pública**: exige-se, para a impetração do mandado de segurança uma especial qualidade do sujeito coator. De fato, somente é

[81] DONIZETTI, Elpídio. *Ações Constitucionais*. 2. ed. São Paulo: Atlas, 2010, p. 7.

[82] Apesar do paralelo ora realizado com o âmbito recursal – já que todos os recursos se sujeitam a prévio juízo de admissibilidade – o mandado de segurança tem a natureza jurídica de ação constitucional, sendo correto apontar que a ausência de algum desses requisitos de admissibilidade diz respeito às condições da ação, notadamente o interesse processual.

[83] Em sentido similar: FLAKS, Milton. *Mandado de segurança*: pressupostos da impetração. Forense: Rio de Janeiro, 1980, p. 34.

cabível o *writ* quando a violação ou ameaça de violação partir do Poder Público. É nesse sentido que se exige que a autoridade coatora seja "Autoridade Pública". Apesar da polêmica doutrinária, essa é a posição prevalente para o termo "autoridade", contida no art. 1º, *caput*, da Lei nº 12.016/09. "Autoridade Pública", por sua vez, é aquela pertencente ao Poder Público e abrange tanto a Administração Pública Direta como a Administração Pública Indireta.[84]

- **"Autoridade Pública por extensão"**: diz respeito a sujeitos que não integram o Poder Público, mas que, por uma equiparação legal, são considerados como tal. Nesse sentido, a própria Lei nº 12.016/09 estabelece que: (a) os representantes ou órgãos de partidos políticos; (b) os administradores de entidades autárquicas e (c) os dirigentes de pessoas jurídicas ou as pessoas naturais no exercício de atribuições do poder público, somente no que disser respeito a essas atribuições são todos considerados "Autoridade Pública" para fins de cabimento do mandado de segurança (art. 1º, § 1º, Lei nº 12.016/09). Em síntese, o que se conclui é que os particulares que atuam no exercício de função pública também são considerados "Autoridade Pública" para o cabimento do mandado de segurança.[85] Ainda quanto à autoridade por extensão, é entendimento do Supremo Tribunal Federal de que praticado o ato por autoridade que esteja no exercício de uma competência que lhe foi delegada, é contra aquele que recebeu a delegação que o mandado de segurança deve ser impetrado.[86] Cite-se, como exemplo, o mandado de segurança impetrado contra Reitor de Universidade Privada para assegurar ao impetrante a colação de grau.

(2º) **Ato ilegal ou com abuso de poder**: exige-se, para o cabimento do mandado de segurança que haja a alegação de violação ou ameaça decorrentes de uma conduta ilegal ou praticada mediante abuso de poder. O ato combatido, portanto, deve representar verdadeiro atentado à ordem jurídica vigente.[87] Essa contrariedade ao ordenamento jurídico pode consistir em uma conduta comissiva (ação) ou omissiva (omissão).[88] Além disso, ela pode implicar em efetiva lesão ou, até mesmo, mera

---

[84] FLAKS, Milton. *Mandado de segurança*: pressupostos da impetração. Forense: Rio de Janeiro, 1980, p. 37-38.

[85] NEVES, Daniel Amorim Assumpção. *Ações constitucionais*. 3. ed. Salvador: Juspodivm, 2017, p. 152. No mesmo sentido: BUENO, Cássio Scarpinella. *Mandado de segurança*: comentários às Leis 1.533/51, 4.348/64 e 5021/66. 5. ed. São Paulo: Saraiva, 2009, p. 22.

[86] Súmula 510, STF. Praticado o ato por autoridade, no exercício de competência delegada, contra ela cabe o mandado de segurança ou a medida judicial.

[87] Alguns autores defendem que a distinção entre "ilegalidade" e "abuso de poder" diz respeito à natureza do ato desafiado. Haveria ilegalidade no ato administrativo vinculado contrário à ordem jurídica e abuso de poder no ato discricionário contrário à ordem jurídica. Com essa posição: BUENO, Cássio Scarpinella. *Mandado de segurança*: comentários às Leis 1.533/51, 4.348/64 e 5021/66. 5. ed. São Paulo: Saraiva, p. 18.

[88] "A omissão consiste em deixar de praticar, no prazo legal, o ato a que está obrigada a autoridade por dever legal, mantendo-se em intolerável silêncio" (BUZAID, Alfredo. *Do mandado de segurança*. São Paulo: Saraiva, 1989, p. 206).

ameaça a determinado direito. Cumpre destacar, entretanto, que a existência de ilegalidade ou abuso de poder constituem o próprio mérito do mandado de segurança, possuindo íntima relação com a sua causa de pedir.[89] Desse modo, basta, para a sua admissibilidade, a alegação de ocorrência de um ato ilegal ou com abuso de poder.[90]

- **Mandado de segurança preventivo**: é a denominação do mandado de segurança fundado em conduta omissiva (art. 1°, *caput*, Lei n° 12.016/09). Admite-se, portanto, tutela inibitória em mandado de segurança.[91] Nestes casos, entretanto, a jurisprudência considera necessidade demonstrar o risco objetivo e fundado de que a ilegalidade ou o abuso de poder estejam na iminência de acontecer, com a demonstração de atos preparatórios ou indicativos nesse sentido a demonstrar violação a direito líquido e certo.[92] José dos Santos Carvalho Filho aponta que não é qualquer ameaça apta a garantir o mandado de segurança preventivo, necessitando de: "realidade", ou seja, a iminente prática do ato ilícito; "objetividade", na qual a ameaça deve ser séria e não fundada em meras suposições e; "atualidade, significando que a ameaça é iminente e deve estar presente ao momento da ação, não servindo, pois, ameaças pretéritas e já ultrapassadas".[93]
- **Atos normativos**. Não é cabível mandado de segurança contra lei em tese (Súmula 266, STF). Isto se dá justamente pela necessidade de um ato concreto ou de uma omissão concreta do Poder Público que atinja direito do impetrante (atos normativos abstratos não lesam direitos individuais[94]). Pela mesma razão, a doutrina sempre defendeu o cabimento do mandado de segurança contra leis de efeitos concretos, já que elas são substancialmente atos administrativos, e não normas de caráter abstrato.[95] É o que ocorre, por exemplo, "com leis que

---

[89] "Sim porque a identificação correta dos contornos do ato coator e de seu desvio de padrão de legalidade corresponde à causa de pedir do mandado de segurança" (BUENO, Cássio Scarpinella. *Mandado de segurança*: comentários às Leis 1.533/51, 4.348/64 e 5021/66. 5. ed. São Paulo: Saraiva, 2009, p. 31).

[90] Apenas para não deixar dúvidas e dissipar possíveis divergências, reafirma-se que o requisito de admissibilidade é a alegação de ilegalidade ou abuso de poder. A efetiva ocorrência de ilegalidade ou abuso poder não é requisito de admissibilidade, mas sim questão principal – de mérito – da ação de mandado de segurança.

[91] NEVES, Daniel Amorim Assumpção. *Ações constitucionais*. 3. ed. Salvador: Juspodivm, 2017, p. 152.

[92] STF, MS 32073 AgR, Relator Min. Marco Aurélio, Primeira Turma, julgado em 12/05/2015; RMS 27186, Relatora Min. Cármen Lúcia, Segunda Turma, julgado em 16/09/2014.

[93] CARVALHO FILHO, José dos Santos. *Manual de direito administrativo*. 28. ed. São Paulo: Atlas, 2015, p. 1.074.

[94] MEIRELLES, Hely Lopes. *Mandado de segurança*: ação popular, ação civil pública, mandado de injunção, habeas data. 13. ed. São Paulo: Revista dos Tribunais, 1989, p. 17.

[95] "As chamadas leis e os denominados decretos de efeito concreto têm, na realidade, corpo de lei e alma de ato administrativo" (BUZAID, Alfredo. *Do mandado de segurança*. São Paulo: Saraiva, 1989, p. 129).

declaram, para fins de desapropriação, um determinado imóvel de utilidade pública".[96]

- **Atos disciplinares**: havia grande polêmica sobre o cabimento de mandado de segurança em face de atos disciplinares, já que a lei anterior era expressamente contrária (Lei nº 1.533/51). Apesar da restrição, o próprio STF acabou por sepultar essa vedação ao considerar viável o *writ* (MS 20.999/DF, 1990). A previsão, nessa linha, acabou não sendo repetida na Lei nº 12.016/09. Assim, a única ressalva fica com "a intromissão do Poder Judiciário na conveniência e oportunidade da sanção aplicada, desde que estrita aos lindes do princípio da legalidade".[97]

(3º) **Direito não amparado por *habeas corpus* ou *habeas data***: há ainda um requisito negativo. Faz-se necessário que, para o direito vindicado, não seja cabível *habeas corpus* os *habeas data*. Na realidade, essas duas outras garantias constitucionais tutelam direito líquido e certo específico: a primeira, o direito à liberdade de locomoção; a segunda, o direito à informação.[98] Assim, é preciso que a pretensão buscada pelo impetrante não seja amparável por esses outros remédios constitucionais.

(4º) **Direito líquido e certo**: seguramente o requisito mais controvertido para a admissão do mandado de segurança. Exige-se uma especial qualidade do direito pleiteado. É necessário que se trate de "direito líquido e certo". Na célebre concepção de Pontes de Miranda, direito líquido e certo é aquele demonstrável mediante prova documental, ou seja, não se admite dilação probatória em mandado de segurança. É que o aprofundamento no exame das provas desvirtuaria o conceito de certeza e liquidez do direito. Aliás, ainda neste tópico, é imperioso registrar que a "certeza do direito" diz respeito às questões de fato – estas sim que devem ser demonstradas mediante prova documental. São, portanto, os aspectos fáticos da pretensão que influenciam na liquidez e na certeza do direito. É irrelevante que haja controvérsia jurídica sobre a questão de direito posta, fato que não é óbice para o *mandamus* (Súmula 625, STF).[99] Se houver controvérsia de fato sobre matéria que dependa de dilação probatória, não será cabível o mandado de segurança.[100] Todavia, a complexidade da matéria, por si só, não tem qualquer relação com a

---

[96] BUENO, Cássio Scarpinella. *Mandado de segurança*: comentários às Leis 1.533/51, 4.348/64 e 5021/66. 5. ed. São Paulo: Saraiva, 2009, p. 33.

[97] DONIZETTI, Elpídio. *Ações Constitucionais*. 2. ed. São Paulo: Atlas, 2010, p. 18.

[98] BARBI, Celso Agrícola. *Do mandado de segurança*. 10. ed. Rio de Janeiro: Forense, 2001, p. 74.

[99] Súmula 625, STF. Controvérsia sobre matéria de direito não impede concessão de mandado de segurança.

[100] STF, RMS 26199, Relator Min. Carlos Britto, Primeira Turma, julgado em 27/03/2007; RMS 34103 AgR, Relator Min. Celso de Mello, Segunda Turma, julgado em 06/09/2016.

admissibilidade do mandado de segurança,[101] até porque "complexidade não é sinônimo de incerteza".[102]

- **Prova pré-constituída** (impossibilidade): prevalece nos tribunais que a exigência de prova documental diz respeito à qualidade da prova. Por essa razão, não se pode previamente produzir prova de outra natureza para o seu emprego em ação de mandado de segurança. De fato, prova documental não se confunde com prova documentada. Assim, por exemplo, reproduzir a termo uma prova testemunhal realizada em ação de produção antecipada de prova para que seja empregada em mandado de segurança é medida inviável: a prova foi documentada, mas não se trata de prova documental (e sim de prova testemunhal). Registra-se, porém, corrente minoritária favorável ao emprego de qualquer prova documentada para embasar o direito líquido e certo.[103]
- **Questão**: *O direito líquido e certo é requisito de admissibilidade ou questão de mérito no mandado de segurança?* Esse é um tema que sempre foi controverso. Em nossa posição, a efetiva existência do direito líquido e certo não é requisito de admissibilidade do mandado de segurança, mas sim questão principal a ser solucionada na decisão final do *mandamus*. Porém, entendemos que o direito líquido e certo também opera como requisito de admissibilidade, ao menos quanto à plausibilidade da questão tal como apresentada na petição inicial. Desse modo, caso se constate, de plano, a ausência de direito líquido e certo, seria possível a extinção imediata do processo por ausência de requisito básico de cabimento, isto é, carência de ação.

(5º) **Tempestividade/prazo**: o mandado de segurança é ação de procedimento especial que deve ser ajuizada no prazo delineado pela legislação infraconstitucional. Não se trata de óbice ao direito de acesso à justiça, já que o prazo não exclui a possibilidade de utilizar outros instrumentos processuais. Há, portanto, prazo para o manejo do mandado de segurança. O prazo é de 120 dias (art. 23, Lei nº 12.016/09). Trata-se de prazo decadencial do direito à impetração.[104] Assim, escoado o prazo, perde-se o direito ao emprego do *writ*. O termo inicial do prazo é a ciência, pelo sujeito ativo, do ato impugnado. Quando se tratar de ato contínuo (cujos efeitos se dilatam no tempo), o prazo é renovado mês a mês.

---

[101] "Afastar a impetração pela complexidade da matéria, quando o direito pode ser reconhecido por esta via judicial, é comodismo do julgador que não encontra apoio na instituição do mandamus" (MEIRELLES, Hely Lopes. *Mandado de segurança*: ação popular, ação civil pública, mandado de injunção, habeas data. 13. ed. São Paulo: Revista dos Tribunais, 1989, p. 27).

[102] BUZAID, Alfredo. *Do mandado de segurança*. São Paulo: Saraiva, 1989, p. 84,

[103] Assim: NEVES, Daniel Amorim Assumpção. *Ações constitucionais*. 3. ed. Salvador: Juspodivm, 2017, p. 166-168.

[104] MEIRELLES, Hely Lopes. *Mandado de segurança:* ação popular, ação civil pública, mandado de injunção, habeas data. 13ª ed. São Paulo: Revista dos Tribunais, 1989, p. 28.

- **Pedido administrativo de reconsideração**: é o pedido de reexame de determinada questão pela própria autoridade administrativa que praticou o ato atacado. Cumpre lembrar que pedido de reconsideração não tem qualquer efeito suspensivo. Nessa linha, considera o STF que o pedido de reconsideração sequer suspende ou interrompe o prazo decadencial do mandado de segurança (Súmula 430, STF).[105]

2.2. *Requisitos negativos (vedações)*

Além dos requisitos de admissibilidade já tratados, a legislação vigente traz algumas hipóteses específicas em que não se admite o emprego do mandado de segurança. São as seguintes:

(1º) **Ato de gestão comercial** (art. 1º, § 2º): não cabe mandado de segurança para desafiar atos de gestão comercial praticados pelos administradores de empresas públicas, de sociedade de economia mista e de concessionárias de serviço público (art. 1º, § 2º, Lei nº 12.016/09). Essa disposição afasta, portanto, aqueles atos relacionados com o regime jurídico de direito privado que são praticados por empresas públicas, sociedades de economia mista ou concessionárias de serviço público. Trata-se, pois, de afastar o cabimento do *writ* quando a administração está em posição de igualdade com os particulares, o que também explica porque atos praticados por tais entidades através do regime publicístico ficam sujeitos ao crivo do mandado de segurança[106] como, por exemplo, atos praticados em procedimento licitatório.[107]

(2º) **Ato administrativo desafiado por recurso com efeito suspensivo** (art. 5º, I): não cabe mandado de segurança para desafiar ato administrativo do qual caiba recurso administrativo com efeito suspensivo, independentemente de caução. Essa vedação, entretanto, deve ser compreendida em harmonia com a inafastabilidade da jurisdição (art. 5º, XXXV, CF/88), já que não é necessário esgotar as vias administrativas para ingressar em juízo.[108] Na realidade, essa restrição se relaciona com o interesse de agir para a impetração do mandado de segurança.[109] Em princípio, não haveria interesse de agir no manejo da ação constitucional se o ato foi desafiado por recurso com efeito suspensivo já que o ato não produzirá efeitos imediatos por estar suspenso. Por outro

---

[105] Súmula 430, STF. Pedido de reconsideração na via administrativa não interrompe o prazo para o mandado de segurança. No mesmo sentido: STF, MS 28793 AgR, Relator Min. Teori Zavascki, Tribunal Pleno, julgado em 30/04/2014.

[106] DONIZETTI, Elpídio. *Ações Constitucionais*. 2. ed. São Paulo: Atlas, 2010, p. 21.

[107] Súmula 333, STJ. Cabe mandado de segurança contra ato praticado em licitação promovida por sociedade de economia mista ou empresa pública.

[108] MEIRELLES, Hely Lopes. *Mandado de segurança*: ação popular, ação civil pública, mandado de injunção, habeas data. 13. ed. São Paulo: Revista dos Tribunais, 1989, p. 21.

[109] NEVES, Daniel Amorim Assumpção. *Ações constitucionais*. 3. ed. Salvador: Juspodivm, 2017, p. 154.

lado, a vedação em questão não se aplica a recurso administrativo que exija caução,[110] em razão da parte final do art. 5º, I, da Lei nº 12.016/09. Assim, caso o recurso administrativo exija alguma espécie de garantia para ser admitido, o ato também poderá ser desafiado por mandado de segurança. Cumpre adicionar que a vedação também não se aplica em matéria tributária. Na esfera tributária, o entendimento é de que o ajuizamento de qualquer ação judicial, inclusive o mandado de segurança, implica na renúncia ou desistência da discussão na via administrativa.[111]

(3º) **Decisão judicial da qual caiba recurso com efeito suspensivo** (art. 5º, II). Não cabe mandado de segurança para desafiar decisão judicial passível de recurso com efeito suspensivo. O texto legal é bastante claro. Algumas decisões judiciais podem ser confrontadas por mandado de segurança e outras não. A verdade, contudo, é que o tema enseja acesa polêmica doutrinária e jurisprudencial. É preciso lembrar, aqui, que no regime jurídico anterior não havia referência aos efeitos de eventual recurso contra a decisão judicial. Antes, simplesmente não cabia mandado de segurança para desafiar decisões judiciais passíveis de recurso ou correição (art. 5º, II, Lei nº 1.533/51), postura que era confirmada pela jurisprudência (Súmula 267, STF).[112] Agora, com a Lei nº 12.016/09, a vedação diz respeito apenas aos pronunciamentos judiciais que podem ser impugnados por recurso com efeito suspensivo. Ocorre que, pelo Novo Código de Processo Civil, todos os recursos podem receber efeito suspensivo (art. 995, parágrafo único, CPC). Daí a jurisprudência indicar, mesmo antes do novo diploma processual, que as decisões recorríveis não são passíveis de mandado de segurança.[113] Mesmo nestes casos, porém, os tribunais admitiam o *mandamus* caso demonstrada teratologia ou flagrante ilegalidade.[114] Na prática, portanto, o STJ e o STF admitem, nas situações que interpretam como excepcionais, o cabimento do mandado de segurança contra decisão judicial desafiada por recurso com efeito suspensivo.[115] Situação diversa diz respeito a decisões irrecorríveis. As decisões irrecorríveis não estão na órbita da vedação aqui tratada e, portanto, é admitido, em tese, o mandado de

[110] Nesse particular, importante frisar a Súmula Vinculante nº 21 na qual: "é inconstitucional a exigência de depósito ou arrolamento prévios de dinheiro ou bens para admissibilidade de recurso administrativo". Assim que caberia impetração de Mandado de Segurança para não exigir tais garantias no manejo do recurso administrativo.

[111] NEVES, Daniel Amorim Assumpção. *Ações constitucionais*. 3. ed. Salvador: Juspodivm, 2017, p. 155.

[112] Súmula 267, STF. Não cabe mandado de segurança contra ato judicial passível de recurso ou correição.

[113] STJ, RMS 41.224/PR, Rel. Ministro Raul Araújo, Quarta Turma, julgado em 21/05/2013, DJe 18/06/2013.

[114] STJ, MS 16.078/AL, Rel. Ministro Castro Meira, Corte Especial, julgado em 31/08/2011, DJe 26/09/2011; AgRg no MS 22.154/DF, Rel. Ministra Maria Thereza de Assis Moura, Corte Especial, julgado em 18/11/2015, DJe 14/12/2015).

[115] STF, RMS 26265 AgR, Relator Min. Celso de Mello, Segunda Turma, julgado em 16/09/2014.

segurança. Melhor era a definição de Hely Lopes Meirelles, para quem era cabível o *writ* contra a decisões judiciais "para as quais não haja recurso capaz de impedir a lesão ao direito subjetivo do impetrante".[116]

- **Questão**: *As decisões interlocutórias podem ser desafiadas por mandado de segurança?* Com o advento do Novo Código de Processo Civil, esse tema voltou ao centro do debate. Aqui, é preciso diferenciar duas situações. Primeiro, quanto às decisões interlocutórias passíveis de agravo de instrumento, fica bastante evidente a inadmissibilidade do mandado de segurança, já que não cabe mandado de segurança para desafiar decisão judicial passível de recurso com efeito suspensivo e o agravo de instrumento admite esse efeito. Segundo, quanto às decisões interlocutórias não passíveis de agravo de instrumento, o tema é mais delicado. Cumpre lembrar que essas decisões também são passíveis de recurso com efeito suspensivo: a apelação ao final.[117] Sobre o assunto, interessante posição doutrinária defende o cabimento do mandado de segurança quando eventual recurso cabível for "incapaz de reverter de forma eficaz a sucumbência suportada pela parte, deve-se admitir o mandado de segurança contra a decisão interlocutória".[118] O autor aponta ainda que essa tese tem amparo em algumas decisões do STJ [RMS 26.867], inclusive naquelas que admitem o *writ* nos Juizados Especiais [MS 46.955]. Aliás, "esse entendimento pelo cabimento do mandado de segurança para controle da competência dos Juizados Especiais pode ser tranquilamente adaptado para a decisão que versa sobre competência na Justiça Comum, o que evitará o absurdo de se exigir da parte que suporte todo o trâmite procedimental perante um juízo incompetente só podendo rediscutir a matéria em sede de apelação ou contrarrazões".[119]

(4º) **Decisão judicial transitada em julgado** (art. 5º, III): uma vez transitada em julgado a decisão judicial, ela é qualificada pela autoridade da coisa julgada, razão pela qual somente é passível de modificação em situações excepcionais, quando admitida pela ordem jurídica a sua rescisão. Assim, a decisão transitada em julgado, no máximo, pode ser desafiada por ação rescisória, e não por mandado de segurança. Trata-se de vedação antiga, presente na Súmula 268 do STF ("Não cabe mandado de segurança contra decisão judicial com trânsito em julgado"). A vedação abrange a "preclusão maior" da decisão, mas não outras espécies de preclusão.[120] Por outro lado, julgamento recente do STJ considerou que

[116] MEIRELLES, Hely Lopes. *Mandado de segurança*: ação popular, ação civil pública, mandado de injunção, *habeas data*. 13ª ed. São Paulo: Revista dos Tribunais, 1989, p. 18.

[117] NEVES, Daniel Amorim Assumpção. *Ações constitucionais*. 3. ed. Salvador: Juspodivm, 2017, p. 157.

[118] Idem, p. 161.

[119] Ibidem.

[120] BUZAID, Alfredo. *Do mandado de segurança*. São Paulo: Saraiva, 1989, p. 141.

o trânsito em julgado superveniente de decisão anteriormente atacada por mandado de segurança não prejudica o julgamento do *writ*.[121]

3. Legitimidade

3.1. Legitimidade ativa

A legitimidade ativa é do titular do direito material violado e que será o impetrante do mandado de segurança (art. 1°, § 3°). Trata-se, pois, da regra geral acerca da legitimidade para ingressar em juízo – é a tutela de direito próprio em nome próprio (legitimação ativa ordinária).

A legitimidade ativa também se estende ao titular do direito decorrente do direito de terceiro. Trata-se de extensão da legitimidade expressamente prevista em lei (art. 3°). Nesta última hipótese, haverá legitimação extraordinária (exemplo: o segundo classificado em um concurso impetra mandado de segurança para que seja nomeado o primeiro colocado, e não o terceiro para que, indiretamente, possa ser futuramente beneficiado; entendimento que também se aplica às licitações).[122]

Admite-se, em mandado de segurança, a impetração por pessoa física ou pessoa jurídica, inclusive de direito público.[123] E a jurisprudência, fazendo eco à doutrina consagrada,[124] não vê óbice para que os entes despersonalizados também ingressem com a ação, já que possuem legitimidade *ad causam*. Em síntese, todos aqueles que possuam personalidade judiciária, ainda que não possuam personalidade jurídica, estão habilitadas para impetrar o mandado de segurança, tais como entes personificados e as universalidades como o espólio, a massa falida e o condomínio.[125]

---

[121] Assim: "O mandado de segurança deverá ter seu mérito apreciado independentemente de superveniente trânsito em julgado da decisão questionada pelo *mandamus* (...)" STJ, EDcl no MS 22.157-DF, Rel. Min. Luis Felipe Salomão, Corte Especial, por maioria, julgado em 14/03/2019, DJe 11/06/2019.

[122] Segundo a doutrina, há dois requisitos para que o terceiro possa ajuizar o mandado de segurança em nome do titular do direito. O primeiro requisito é que "o direito do terceiro advenha da omissão do titular do direito originário em tutelá-lo por intermédio do mandado de segurança", e o segundo é que o titular tenha tido a oportunidade de impetrar o mandado de segurança, tomando ciência do ato, e mesmo assim, tenha ficado inerte após um prazo razoável (BUENO, Cássio Scarpinella. *Mandado de segurança*: comentários às Leis 1.533/51, 4.348/64 e 5021/66. 5. ed. São Paulo: Saraiva, 2009, p. 57). No mesmo sentido: BARBI, Celso Agrícola. *Do mandado de segurança*. 10. ed. Rio de Janeiro: Forense, 2001, p. 120.

[123] BARBI, Celso Agrícola. *Do mandado de segurança*. 10. ed. Rio de Janeiro: Forense, 2001, p. 58; FIGUEIREDO, Lúcia Valle. *Mandado de segurança*. 6. ed. São Paulo: Malheiros, 2009, p. 209.

[124] MEIRELLES, Hely Lopes. *Mandado de segurança*: ação popular, ação civil pública, mandado de injunção, *habeas data*. 13. ed. São Paulo: Revista dos Tribunais, 1989, p. 4

[125] Idem, p. 5. Segundo o mesmo autor, o constituinte brasileiro não restringiu o uso do *writ* à pessoa humana, como fez com o *habeas corpus*, e instituiu o mandado de segurança "como meio cons-

- **Questão**: *Órgão público pode demandar em juízo?* Como regra, os órgãos públicos não têm personalidade judiciária, já que não possuem personalidade jurídica própria. Entretanto, o STF já aceitou que órgãos independentes impetrem mandado de segurança para assegurar as suas próprias prerrogativas institucionais (exemplo: TCU). Nesse sentido, é possível argumentar que órgãos podem ingressar em juízo na busca de suas prerrogativas funcionais enquanto sujeitos ativos de demandas. Assim, embora não possuam personalidade jurídica, excepcionalmente é admitida a personalidade judiciária (capacidade processual) desses órgãos públicos, tal como precisamente defendia Hely Lopes Meirelles.[126]

Admite-se o litisconsórcio ativo no mandado de segurança (art. 24). Há, inclusive, regra expressa sobre a possibilidade de ingresso posterior de nova parte (litisconsórcio ativo ulterior), desde que isso ocorra antes do despacho da petição inicial (art. 10, § 2º).

3.2. *Autoridade coatora*

A autoridade coatora é aquela que efetivamente praticou o ato ou mandou praticá-lo. Exige-se, com efeito, que a autoridade coatora figure no mandado de segurança (art. 6º, § 3º). Trata-se do agente público que tenha o poder de decisão (art. 1º, § 2º, III, Lei nº 9.784/99). É, pois, a pessoa (ou pessoas) com poder decisório sob a prática concreta do ato ou a abstenção que é confrontada e que possua competência para a realização ou desfazimento do ato. Não é, porém, o mero executor.[127] Aliás, "atos de autoridade", são justamente "os que trazem em si uma decisão e não apenas execução".[128]

Na grande maioria dos casos, a identificação correta da autoridade coatora depende de um exame prévio do ato que é desafiado pelo mandado de segurança. A causa de pedir do *writ* é fator determinante para que se saiba qual a autoridade com poder decisório capaz de neutralizar o ato.

A grande polêmica – tanto doutrinária como jurisprudencial – diz respeito à posição processual da autoridade coatora. É que para um

---

titucional hábil a proteger indiscriminadamente direitos de quaisquer titulares, personalizados ou não, desde que tais titulares disponham de capacidade processual para defende-los judicialmente, quando lesados ou ameaçados de lesão por ato ou omissão de autoridade" (idem, p. 32).

126 MEIRELLES, Hely Lopes. *Mandado de segurança*: ação popular, ação civil pública, mandado de injunção, habeas data. 13. ed. São Paulo: Revista dos Tribunais, 1989, p. 5.

127 BUENO, Cássio Scarpinella. *Mandado de segurança*: comentários às Leis 1.533/51, 4.348/64 e 5021/66. 5. ed. São Paulo: Saraiva, 2009, p. 23; MEIRELLES, op. loc. cit., p. 34.

128 MEIRELLES, op. loc. cit., p. 10.

segmento, ela não pode ser considerada parte da relação processual.[129] Para outra corrente, ela é considerada parte e, portanto, legitimado passivo para figurar na ação constitucional.[130] Apesar da controvérsia, em termos práticos, deverá a autoridade coatora ser indicada na petição inicial, figurando no processo.[131]

Alexandre Freitas Câmara, sob a égide da lei atual, destaca que o provimento jurisdicional postulado produz efeitos na esfera jurídica da pessoa de direito público, e não sobre a esfera de direitos da autoridade coatora. Assim, a legitimidade passiva ordinariamente para a demanda só poderia ser mesmo da pessoa jurídica que a autoridade coatora integra.[132] O mesmo autor defende que a autoridade coatora não é parte e não há litisconsórcio passivo necessário com a pessoa jurídica de direito público. Cumpre destacar que o citado autor indica três funções processuais relevantes na autoridade coatora: (a) é fonte de prova, já que deverá prestar informações no prazo legal; (b) complementar a citação da pessoa jurídica demandada, já que deverá remeter os elementos necessários a essa pessoa para as providências necessárias (art. 9º); (c) é elemento de definição da competência para processo e julgamento do *writ*.[133]

- **Teoria da encampação**: A indicação errônea, pelo impetrante, de quem é a autoridade coatora, poderá ensejar, segundo o Superior Tribunal de Justiça, a extinção do processo sem julgamento do mérito.[134] A complexa organização da Administração Pública brasileira, contudo, não raro, torna difícil a adequada identificação da autoridade coatora e esta pode inclusive vir a apresentar informações e ofertar resistência de mérito ao mandado de segurança. Em tais situações, com vista a priorizar a

---

[129] ARRUDA ALVIM, Eduardo. *Mandado de segurança* 3. ed. Rio de Janeiro: GZ Editora, 2014, p. 37.

[130] O tema controverso desde longa data. Consideravam que o sujeito passivo deveria ser a pessoa jurídica de direto público: Seabra Fagundes, Temístocles Cavalcanti e Castro Nunes (conforme BARBI, Celso Agrícola. *Do mandado de segurança*. 10. ed. Rio de Janeiro: Forense, 2001, p. 123). Celso Barbi também entende que a parte é a pessoa jurídica de direito público. Aponta que o ingresso da autoridade coatora tem origem meramente histórica, pela similaridade com o *habeas corpus*, e pela forte influências dos *writs* da *common law*, países que não fazem a mesma distinção processual do funcionário e do Estado em juízo (idem, p. 124).

[131] Outro impacto prático seria que a indicação errônea da autoridade coatora, caso considerada parte, deveria ocasionar o encerramento sem exame de mérito do processo. À luz do CPC atual, essa consequência é indefensável seja qual for a posição da autoridade coatora. Aliás, sob a égide do diploma processual pretérito, já defendia que em caso de erro sobre a autoridade coatora, deveria ser aberta a possibilidade de emenda em razão de ser este um vício sanável (MEDINA, José Miguel Garcia; ARAÚJO, Fábio Caldas de. *Mandado de segurança individual e coletivo:* comentários à Lei nº 12.016/09. 2. ed. São Paulo: Revista dos Tribunais, 2012, p. 135).

[132] CÂMARA, Alexandre Freitas. *Manual do mandado de segurança*. São Paulo: Altas, 2013, p. 57.

[133] Idem, p. 64.

[134] STJ, Primeira Seção, MS 22.250-AgRg/DF, Rel. Ministro Humberto Martins, DJe de 29/03/2016

efetividade da tutela jurisdicional, tem prevalecido no Superior Tribunal de Justiça a possibilidade da ***teoria da encampação*** em sede mandamental. Segundo essa teoria, a autoridade apontada como coatora que defenda o mérito do ato impugnado ao prestar informações (não alegando ilegitimidade passiva), torna-se parte legítima para figurar no polo passivo da ação. Posteriormente, a Corte consolidou os requisitos para a adoção dessa teoria no seguinte enunciado: "A teoria da encampação é aplicada no mandado de segurança quando presentes, cumulativamente, os seguintes requisitos: a) existência de vínculo hierárquico entre a autoridade que prestou informações e a que ordenou a prática do ato impugnado; b) manifestação a respeito do mérito nas informações prestadas; e c) ausência de modificação de competência estabelecida na Constituição Federal" (Súmula 628, STJ).[135]

3.3. Legitimidade passiva

A legitimidade passiva, salvo a controvérsia em torno da autoridade coatora, é da pessoa jurídica a que pertença a própria autoridade coatora (art. 6º, *caput*). Assim, por exemplo, realizada uma autuação indevida pela Receita Federal, a autoridade coatora é o Delegado da Receita Federal e o legitimado passivo é a União. Segundo a doutrina mais atual, a Lei nº 12.016/09 não deixa mais dúvidas quanto à legitimidade passiva da pessoa jurídica a qual se vincula a autoridade apontada como coatora, até porque é ela, pessoa jurídica, que irá suportar as consequências da decisão e se submeter à coisa julgada.[136]

Admite-se o litisconsórcio passivo no mandado de segurança. Aliás, para quem defende que a autoridade coatora é parte na ação, frequentemente haverá litisconsórcio passivo necessário (entre a pessoa jurídica e a autoridade que dela pertença). Há mais um dado relevante: caso haja algum outro sujeito diretamente beneficiado pelo ato ilegal, esse sujeito também deve figurar no polo passivo: é que a mudança no ato ilegal atinge diretamente a esfera de interesses dele. O tema é pacífico. Nessas hipóteses, haverá litisconsórcio passivo necessário.[137]

4. Competência

No mandado de segurança, a competência para o seu processamento é definida conforme a função ou categoria funcional da auto-

[135] STJ, Primeira Seção, julgado em 12/12/2018, DJe 17/12/2018.

[136] DONIZETTI, Elpídio. *Ações Constitucionais*. 2. ed. São Paulo: Atlas, 2010, p. 46-47.

[137] CÂMARA, Alexandre Freitas. *Manual do mandado de segurança*. São Paulo: Altas, 2013, p. 79.

ridade coatora (CC 104.730, STJ).[138] Trata-se de competência fixada em razão da pessoa (competência *ratione personae*) e que, por conseguinte, é classificada como uma competência absoluta.[139] Como se percebe, a legitimidade ativa e passiva "tem grande repercussão na competência".[140]

As regras gerais para definição da competência são aplicáveis ao mandado de segurança (arts. 42 a 66 do CPC, além das disposições constitucionais). Assim, é preciso identificar se há alguma regra que atrai a causa para os tribunais superiores; não havendo, verifica-se se a competência é da justiça especializada ou da justiça comum; após, apura-se a presença de alguma regra de atração para a Justiça Federal, sendo que a Justiça Estadual tem caráter residual; na sequência, aprecia-se a instância de julgamento – se perante o primeiro grau ou perante o segundo grau; por fim, identificam-se as regras de localidade (foro) e de juízo.

Como a definição da competência considera a função ou categoria funcional da autoridade coatora, algumas regras específicas também são aplicáveis. Nesse sentido, compete ao Supremo Tribunal Federal processar e julgar o mandado de segurança contra atos do Presidente da República, das Mesas da Câmara dos Deputados e do Senado Federal, do Tribunal de Contas da União, do Procurador-Geral da República e do próprio Supremo Tribunal Federal (art. 102, I, *d*, CF/88). Por outro lado, compete ao Superior Tribunal de Justiça processar e julgar o mandado de segurança contra ato de Ministro de Estado, dos Comandantes da Marinha, do Exército e da Aeronáutica ou do próprio tribunal (art. 105, I, *b*, CF/88).

Na hipótese de pessoa jurídica de direito público federal como autoridade coatora, se ausente a competência dos tribunais superiores, a competência será da Justiça Federal. Como regra, essa competência será da primeira instância (juízes de primeiro grau). Todavia, prevê o texto constitucional que a competência será do respectivo Tribunal Regional Federal quando a autoridade coatora for membro do próprio Tribunal, Juiz Federal (art. 108, *c*, CF/88) ou Juiz Estadual investido na competência federal delegada (Súmula 624, STF). A autoridade coatora é considerada federal "se as consequências de ordem patrimonial do ato contra o qual se requer o mandado houverem de ser suportadas pela União ou entidade por ela controlada" (art. 2º).

---

138 BUENO, Cássio Scarpinella. *Mandado de segurança*: comentários às Leis 1.533/51, 4.348/64 e 5021/66. 5. ed. São Paulo: Saraiva, 2009, p. 50.

139 NEVES, Daniel Amorim Assumpção. *Ações constitucionais*. 3. ed. Salvador: Juspodivm, 2017, p. 169. DONIZETTI, Elpídio. *Ações Constitucionais*. 2. ed. São Paulo: Atlas, 2010, p. 27.

140 BUZAID, Alfredo. *Do mandado de segurança*. São Paulo: Saraiva, 1989, p. 227.

A competência para julgamento do mandado de segurança impetrado em face de ato do órgão judicial de Juizados Especiais era tema controvertido. Havia posição no sentido de que a competência seria do respectivo tribunal e posição no sentido de que a competência seria das Turmas Recursais. Prevaleceu no STF a segunda corrente: a competência é das Turmas Recursais (RE 577.443, STF; ver Súmula 376, STJ). Quando se tratar, porém, de ato judicial de Juizado Especial que delibera sobre sua própria competência, tem prevalecido o entendimento de que é o competente o tribunal que o órgão judicial esteja vinculado.[141]

5. Procedimento

Já foi destacado que o mandado de segurança não comporta dilação probatória. De fato, apenas cabe o *writ* para a tutela de direito líquido e certo compreendido como aquele que é demonstrável mediante prova documental. Nessa linha, o procedimento do mandado de segurança busca ser célere e sem dilações indevidas. Nesse norte, a aplicação das regras procedimentais tradicionais deve sempre ser considerada com ressalvas e apenas ocorrer diante da ausência de alguma previsão específica na lei de regência. Cumpre lembrar, também que a ação conta com tramitação preferencial (art. 20).

5.1. Petição inicial

Os requisitos da petição inicial constam no art. 6º da Lei nº 12.016/09. Além da observância das normas tradicionais (art. 319 a 329 do CPC), ela deve ser apresentada em duas vias e com os documentos que instruírem a primeira reproduzidos na segunda e indicará, além da autoridade coatora, a pessoa jurídica que esta integra, à qual se acha vinculada ou da qual exerce atribuições.

O pedido do mandado de segurança normalmente se traduz em uma ordem à autoridade coatora para que faça ou deixe de fazer algo de modo a cessar os efeitos do ato ou omissão violadores da ordem jurídica. Daí por que sempre prevaleceu o entendimento de que a ação de mandado de segurança teria caráter eminentemente mandamental, sem prejuízo de pedidos de caráter declaratório, constitutivo ou

[141] DONIZETTI, Elpídio. *Ações Constitucionais*. 2. ed. São Paulo: Atlas, 2010, p. 28. Vide STJ, RMS 26.665.

mesmo condenatório.[142] É certo, porém, que "não pode conter pedido de condenação a reparar danos emergentes do ato ilegal ou de abuso de poder",[143] pois o nível de cognição do *writ* é incompatível com tutela ressarcitórias em geral (vide Súmula 269, STF).

5.2. Posturas do juiz

Em termos didáticos, podem ser consideradas quatro as principais posturas do juiz diante da petição inicial: (a) ordem de emenda da inicial (CPC);[144] (b) indeferimento imediato da petição inicial (art. 10); (c) deferimento regular da inicial; (d) concessão de liminar, isto é, tutela de urgência (art. 7º).

Nos termos do art. 10, *caput*, da Lei nº 12.016/09, a petição inicial será desde logo indeferida "quando não for o caso de mandado de segurança" ou quando estiver ausente algum dos seus requisitos legais ou, ainda, quando decorrido o prazo legal para a impetração. Trata-se de previsão legal que permite a imediata rejeição do mandado de segurança. O grave inconveniente é que o dispositivo legal não indica a que título se dá essa rejeição. Seria sem exame do mérito ou com exame de mérito? O caminho natural indica que se cuidará de decisão que não aprecia o mérito, já que a lei refere a ausência dos "requisitos legais" para a impetração. O "prazo legal para a impetração", contudo, ostenta inegável caráter meritório, dando margem para que o dispositivo seja interpretado nos dois sentidos e favorecendo que haja, no mandado de segurança, um específica previsão de julgamento antecipado do mérito da causa.

Sob a égide do CPC/73, a doutrina já era favorável à aplicação das hipóteses de julgamento de improcedência liminar do pedido, por aplicação subsidiária do procedimento comum (art. 285-A, CPC/73), ao rito do mandado de segurança.[145] Nestes casos, a decisão seguramente é passível de controle recursal. Daí a previsão do art. 10, § 1º,

---

[142] BUZAID, Alfredo. *Do mandado de segurança*. São Paulo: Saraiva, 1989, p. 202.

[143] Ibidem.

[144] Embora tenha ocorrido o veto art. 6º, § 4º, prevalece o entendimento favorável ao emprego da previsão legal prevista no CPC. Assim: "A essência constitucional do Mandado de Segurança, como singular garantia, admite que o juiz, nas hipóteses de indicação errônea da autoridade impetrada, permita sua correção através de emenda à inicial ou, se não restar configurado erro grosseiro, proceder a pequenas correções de ofício, a fim de que o *writ* cumpra efetivamente seu escopo maior" (STJ, AgRg no Ag 1076626/MA, Rel. Ministro Luiz Fux, Primeira Turma, julgado em 21/05/2009, DJe 29/06/2009).

[145] BUENO, Cássio Scarpinella. *Mandado de segurança*: comentários às Leis 1.533/51, 4.348/64 e 5021/66. 5. ed. São Paulo: Saraiva, 2009, p. 124; CÂMARA, Alexandre Freitas. *Manual do mandado de segurança*. São Paulo: Altas, 2013, p. 155.

no sentido de que "do indeferimento da inicial pelo juiz de primeiro grau caberá apelação e, quando a competência para o julgamento do mandado de segurança couber originariamente a um dos tribunais, do ato do relator caberá agravo para o órgão competente do tribunal que integre". À luz do CPC atual, é inegável que caberá agravo de instrumento da decisão parcial e apelação da sentença que, antecipadamente, encerra o mandado de segurança. Por outro lado, nos tribunais, a decisão do relator será passível de agravo interno.

5.3. *Tutela de urgência*

A tutela de urgência em mandado de segurança, verdadeira antecipação do efeito mandamental buscado ao final,[146] não é idêntica à tutela provisória genérica prevista no diploma processual. Isto porque há requisitos específicos (art. 7º, III): (i) fundamento relevante (que representa a probabilidade do direito); (ii) possibilidade de ocorrer a perda superveniente da eficácia da medida (que representa a situação de perigo). A prestação de garantia não é requisito para a concessão da liminar. Todavia, admite-se que o magistrado exija caução, fiança ou depósito com o objetivo de assegurar eventual ressarcimento decorrente da concessão da tutela de urgência (art. 7º, III, segunda parte).

A tutela de urgência em mandado de segurança sofre injustificável e ilegítima restrição por expresso comando legal. Nessa linha, é previsto que "não será concedida medida liminar que tenha por objeto a compensação de créditos tributários, a entrega de mercadorias e bens provenientes do exterior, a reclassificação ou equiparação de servidores públicos e a concessão de aumento ou a extensão de vantagens ou pagamento de qualquer natureza" (art. 7º, § 2º, da Lei nº 12.016/09). Trata-se de vedação legal à concessão de liminares em casos específicos contra o Poder Público e que se estende a qualquer tutela provisória (art. 7º, § 5º) A disposição, aliás, se insere no contexto geral do regime jurídico da tutela provisória em face do Poder Público e que, por construção jurisprudencial, pode ser mitigada no caso concreto caso a vedação implique violação de algum outro direito fundamental previsto no texto constitucional.[147]

---

[146] BAPTISTA DA SILVA, Ovídio A. *Curso de Processo Civil*. Volume 2. Execução obrigacional, execução real, ações mandamentais. 5. ed. São Paulo: Revista dos Tribunais, 2002, p. 403.

[147] O regime jurídico da tutela provisória em face do Poder Público compreende um conjunto de leis que trazem comandos específicos sobre a utilização e a concessão das tutelas provisórias, sejam antecipatórias ou cautelares, nos casos que envolvem o Poder Público. As principais leis desse conjunto são a Lei nº 12.016/09, a Lei nº 8.437/92, a Lei nº 9.494/97 e o atual Código de

Deferida a tutela de urgência, cabe à autoridade coatora notificar a pessoa jurídica de direito público acerca da medida no prazo de 48 horas, além de apresentar os elementos necessário para que possam ser tomadas providências defensivas (art. 9º). Parcela da doutrina defende que essa notificação é dispensável, porquanto a pessoa jurídica de direito público envolvida já foi previamente cientificada da existência da demanda (art. 7º, II). A intimação acerca da existência da ação, contudo, não se confunde com a intimação acerca da liminar, o que justificaria essa previsão legal.[148] Na prática, não se vê razão para diferenciar ambos os sujeitos, que deveriam ser igualmente intimados pelo juízo.

A decisão que versa sobre a medida liminar em mandado de segurança pode ser objeto de controle jurisdicional. Quando a decisão é proferida por juiz de primeiro grau, ela pode ser desafiada por agravo de instrumento (art. 7º, § 1º); quando a decisão é proferida por órgão judicial unipessoal dos tribunais, ela pode ser desafiada por agravo interno (art. 16, parágrafo único). Além da pretensão recursal, é possível o manejo de "pedido de suspensão de segurança" por parte do Poder Público ou do Ministério Público (art. 15).

O pedido de suspensão de segurança também se insere no regime jurídico das tutelas provisórias em face do Poder Público. Trata-se de incidente processual que ostenta a natureza de sucedâneo recursal e permite que a decisão atacada tenha a sua eficácia suspensa "para evitar grave lesão à ordem, à saúde, à segurança e à economia públicas" (art. 15, *caput*). Não se busca, portanto, a reforma da decisão, mas apenas a suspensão dos seus efeitos. Em razão disso, a jurisprudência admite a utilização simultânea dos recursos cabíveis e do pedido de suspensão. Além disso, prevalece o entendimento de que o pedido de suspensão, por ser uma contracautela[149] em face da liminar deferida,

---

Processo Civil (SCALABRIN, Felipe. A tutela provisória em face do Poder Público na perspectiva histórica. *Revista Eletrônica AJDD*, 12. ed., 2017). Existem, portanto, restrições legais à concessão de liminares em face do Poder Público. É bom lembrar, contudo, que no julgamento da ADI 223-6, embora tenha considerado abstratamente constitucional tais restrições, o Supremo Tribunal Federal reconheceu que não haveria empecilho para que o juiz, em cada caso concreto, em juízo de constitucionalidade difuso, confrontasse a regra com a situação a ser julgada e declarasse o dispositivo inconstitucional para, se necessário, deferir a tutela provisória pleiteada (STF, ADI 223 MC, Relator Min. Paulo Brossard, Relator p/Acórdão: Min. Sepúlveda Pertence, Tribunal Pleno, julgado em 05/04/1990).

148 NEVES, Daniel Amorim Assumpção. *Ações constitucionais*. 3. ed. Salvador: Juspodivm, 2017, p. 220.

149 STJ, AgRg na SLS 1.964/DF, Rel. Ministro Francisco Falcão, Corte Especial, julgado em 02/12/2015, DJe 18/12/2015.

também exige a demonstração da plausibilidade do direito alegado,[150] fundamento exigido para o deferimento de pedido liminar em pedido de suspensão (art. 15, § 4º).

O pedido de suspensão de segurança é apresentado e decidido pelo presidente do respectivo tribunal, e essa decisão pode ser desafiada por agravo interno (art. 15). O prazo desse agravo interno é de cinco dias, muito embora haja doutrina favorável à utilização do prazo geral de quinze dias previsto no CPC.[151] Indeferido o pedido de suspensão, além do agravo interno, é possível novo pedido de suspensão, para o STF ou para o STJ, conforme se trate de questão constitucional ou questão federal (art. 15, § 1º). Há também previsão de cabimento do pedido de suspensão para o caso de desprovimento do agravo de instrumento que venha a desafiar a liminar deferida em face do Poder Público (art. 15, § 2º).

5.4. *Informações e defesa*

Caberá à autoridade coatora prestar informações acerca do ato desafiado pelo mandado de segurança. O prazo é de dez dias (art. 7º, I). Além disso, a pessoa jurídica a que integra a autoridade também tomará ciência da ação para se manifestar, momento em que poderá apresentar a defesa do ato (art. 7º, II). Como existe divergência doutrinária acerca da posição de cada um desses sujeitos, há quem defenda que a autoridade coatora é notificada para prestar informações, enquanto a pessoa jurídica é citada para apresentar defesa no prazo legal.[152]

5.5. *Ministério Público*

Deverá, então, o Ministério Público se manifestar em dez dias (art. 12, parágrafo único). Trata-se de previsão legal que acolhe a importância do *parquet* como fiscal da ordem jurídica nas ações de mandado de segurança. Segundo a doutrina majoritária, cuida-se de regra específica em relação ao diploma processual (art. 178, CPC), razão

[150] STJ, AgRg na SS 1.404/DF, Rel. Ministro Edson Vidigal, Corte Especial, julgado em 25/10/2004, DJ 06/12/2004, p. 177; STF, AgRg na SS 3259/SP. Rel. Min. Ellen Gracie, Tribunal Pleno, julgado em 07/04/2008.

[151] NEVES, Daniel Amorim Assumpção. *Ações constitucionais*. 3. ed. Salvador: Juspodivm, 2017, p. 229.

[152] DONIZETTI, Elpídio. *Ações Constitucionais*. 2. ed. São Paulo: Atlas, 2010, p. 48.

pela qual a sua participação é impositiva.[153] Mesmo antes do regramento atual, esse já era o entendimento do STJ (ver STJ, ERESP 161.968).[154] Há, contudo, doutrina minoritária no sentido de que o Ministério Público, após o advento da Constituição de 1988, não deveria mais atuar de maneira irrestrita no mandado de segurança.[155] Outros defendem que a sua participação não é obrigatória, mas deve ter a oportunidade de se manifestar.[156]

5.6. *Sentença*

A sentença do mandado de segurança permite apenas dois desfechos possíveis. O êxito do impetrante importará na "concessão da ordem" (ou "concessão da segurança"). Nesta hipótese, o mérito do mandado de segurança é julgado de forma favorável ao impetrante. Por outro lado, o insucesso do impetrante importará na "denegação da ordem" (ou "denegação da segurança"). Neste caso, é possível que o pronunciamento tenha apreciado o mérito em sentido desfavorável ou que sequer tenha havido exame do mérito. De fato, a "denegação da ordem" pode ocasionar o julgamento com, ou sem, exame do mérito (art. 6º, § 5º).

A sentença tem conteúdo eminentemente mandamental – ela determina uma conduta para o Poder Público.[157] Além disso, a eficácia da sentença que concede a segurança se vincula à remessa necessária (art. 14, § 1º). Os efeitos da sentença e a autoridade da coisa julgada são tratados em tópico próprio.

Não são devidos honorários advocatícios em mandado de segurança por expressa previsão legal (art. 25). Assim, embora a sentença possa tratar de outras despesas processuais e ou multas processuais, não poderá condenar o vencido ao pagamento de honorários. Trata-se de previsão legal altamente criticada pela doutrina e objeto de

---

[153] Assim, por exemplo: BUENO, Cássio Scarpinella. *Mandado de segurança*: comentários às Leis 1.533/51, 4.348/64 e 5021/66. 5. ed. São Paulo: Saraiva, 2009, p. 133.

[154] STJ, EREsp 161.968/DF, Rel. Ministro Fontes de Alencar, Rel. p/Acórdão Ministro Felix Fischer, Terceira Seção, julgado em 24/09/2003, DJ 24/11/2004, p. 227

[155] CALMON FILHO, Petrônio Intervenção obrigatória do Ministério Público. Desnecessidade. Pessoa jurídica de direito público no polo passivo da relação processual. *Revista de Processo* nº 111, São Paulo: Revista dos Tribunais, 2003, p. 259-263; ZENKNER, Marcelo. *Ministério Público e efetividade do processo civil*. São Paulo: Revista dos Tribunais, 2006, p. 173-179.

[156] ARRUDA ALVIM, Eduardo. *Mandado de segurança* 3. ed. Rio de Janeiro: GZ Editora, 2014, p. 45.

[157] BAPTISTA DA SILVA, Ovídio A. *Curso de Processo Civil*. Volume 2. Execução obrigacional, execução real, ações mandamentais. 5. ed. São Paulo: Revista dos Tribunais, 2002, p. 412.

confronto no STF pela OAB, mas sem previsão de julgamento (ADI 4.296, STF).

A sentença pode ser desafiada pelos recursos ordinários (apelação, art. 14, e recurso ordinário) e extraordinários (recurso especial e recurso extraordinário – art. 18). A autoridade coatora, apesar da polêmica sobre a sua posição processual, tem legitimidade para recorrer (art. 14, § 2º). A apelação, como regra, não terá efeito suspensivo, já que a sentença que concede a segurança admite execução provisória (art. 14, § 3º).

- **Questão**: *Após a sentença de mérito, é possível desistir do mandado de segurança?* Embora não haja previsão legal específica, a desistência do mandado de segurança é tema que desperta polêmica. De início, cumpre lembrar que a jurisprudência pacífica é favorável à desistência mesmo sem qualquer anuência do réu, já que este defenderá a manutenção do estado atual. Todavia, a polêmica reside no momento em que é possível desistir. Há diversas decisões que admitem a desistência mesmo após a sentença de mérito. Essa inclusive pode ser considerada a corrente majoritária dos tribunais. Ocorre que a desistência após a sentença de mérito implicaria verdadeiro burla à coisa julgada material formada. Assim, a doutrina mais atual é contrária a essa possibilidade,[158] citando, inclusive, julgado mais recente do STF no mesmo sentido (MS 29.093, STF).

5.7. Cumprimento

A concessão da ordem, no mandado de segurança, implica possibilidade de cumprimento da decisão para que surta os seus efeitos práticos. Caso deferida a tutela de urgência, inicia-se imediatamente a fase de cumprimento da decisão. Por outro lado, indeferida a tutela de urgência, será necessário aguardar melhor sorte no julgamento posterior. Caso haja a concessão da ordem na sentença, admite-se a sua execução provisória, excepcionados os casos em que vedada a tutela de urgência (art. 14, § 3º). Essa previsão leva a doutrina a indicar que a apelação não terá efeito suspensivo.

Em razão do preponderante caráter mandamental da decisão, a execução se implementa com a expedição de uma ordem dirigida à autoridade coatora – sujeito com as atribuições necessárias à realização da conduta esperada (art. 13). Na ausência de regra expressa na Lei nº 12.016/09, aplicam-se as regras gerais em torno do cumprimento da sentença, inclusive quanto à possibilidade de multa para

[158] NEVES, Daniel Amorim Assumpção. *Ações constitucionais*. 3. ed. Salvador: Juspodivm, 2017, p. 208.

compelir ao cumprimento da ordem. Na doutrina, já há quem defenda a adoção de "qualquer medida coercitiva ou indutiva" para pressionar a parte ao cumprimento da decisão.[159]

Ainda sobre o cumprimento da ordem, cumpre destacar que o *writ* é "predestinado" pelo texto constitucional, a "assegurar a plena fruição do bem da vida questionado pelo impetrante *in natura*, em sua própria substância, repudiando sua substituição pelo seu equivalente em dinheiro. Trata-se inequivocamente, de ação voltada à tutela específica do direito afirmado pelo impetrante, nunca de seu sucedâneo patrimonial".[160]

Dado que o cumprimento da ordem é direcionado à autoridade coatora, a Lei nº 12.016/09 considera que o seu descumprimento caracteriza o crime de desobediência, previsto no art. 330 do Código Penal e sem prejuízo de outras sanções administrativas ou da caracterização de crime de responsabilidade (art. 26, Lei nº 12.016/09).

5.8. Julgamento nos tribunais

Conforme visto, não são raros os casos e que o processo e julgamento do mandado de segurança será de competência originária dos tribunais. Nestas situações, aplicam-se as mesmas regras procedimentais quanto ao rito do mandado de segurança, mas com algumas adaptações.

A condução do processo é feita por um Relator que poderá promover a "instrução" e deliberar sobre as medidas urgentes, inclusive quanto à concessão de medida liminar ou não (art. 16, *caput*). Normalmente o regramento é detalhado nos regimentos internos dos tribunais.

A concessão ou denegação da medida liminar pode ser feita monocraticamente, isto é, em decisão unipessoal do Relator da causa. Nestes casos, caberá agravo interno para o colegiado (art. 16, parágrafo único). Uma importante inovação é a possibilidade de sustentação

---

[159] NEVES, Daniel Amorim Assumpção. *Ações constitucionais*. 3. ed. Salvador: Juspodivm, 2017, p. 216. No mesmo sentido: MARINONI, Luiz Guilherme; ARENHART, Sérgio Cruz; MITIDIERO, Daniel Francisco. *Novo curso de processo civil*: v. 3, tutela dos direitos mediante procedimentos diferenciados. São Paulo: Revista dos Tribunais, 2015, p. 358. Com o advento do atual Código de Processo Civil, uma parcela da doutrina passou a defender a adoção de medidas ou técnicas atípicas tais como a restrição da CNH ou do passaporte do réu (sobre o tema, vide: SCALABRIN, Felipe; COSTA, Miguel do Nascimento; CUNHA, Guilherme Antunes da. *Lições de processo civil*: execução. 2. ed. Porto Alegre: Livraria do Advogado, 2018, p. 26).

[160] BUENO, Cássio Scarpinella. *Mandado de segurança*: comentários às Leis 1.533/51, 4.348/64 e 5021/66. 5. ed. São Paulo: Saraiva, 2009, p. 177. No mesmo sentido da tutela específica e in natura: MEIRELLES, Hely Lopes. *Mandado de segurança*: ação popular, ação civil pública, mandado de injunção, *habeas data*. 13. ed. São Paulo: Revista dos Tribunais, 1989, p. 67.

oral na sessão de julgamento do pedido liminar (art. 16, com redação dada pela Lei nº 13.676/18).

O julgamento definitivo do mandado de segurança será realizada pelo órgão colegiado competente.[161] Na sessão de julgamento do mérito do mandado de segurança, também se admite sustentação oral (art. 16, *caput*).

As decisões colegiadas devem ser publicadas em até trinta dias, pois, do contrário, "o acórdão será substituído pelas respectivas notas taquigráficas, independentemente de revisão" (art. 17). Trata-se de previsão legal que tem o objetivo de acelerar ainda mais o julgamento do *writ*, evitando dilação indevida decorrente de aspectos formais relacionados com a gestão dos tribunais.

A competência originária dos tribunais também altera a sistemática recursal, já que inviabiliza o manejo de apelação. Assim, há previsão de que das decisões proferidas em única instância pelos tribunais, será cabível recurso especial e recurso extraordinário, quando presentes os seus requisitos de admissibilidade, e ainda será cabível recurso ordinário quando a ordem for denegada.

6. Efeitos (da decisão)

O efeito principal da decisão favorável é a concessão da ordem para reconhecer o direito líquido e certo alegado e determinar que seja afastada a ilegalidade ou o abuso de poder praticados. A decisão final, portanto, reconhece o direito líquido e certo e a existência de uma conduta ilegal ou abusiva, além de determinar o afastamento dessa conduta. Trata-se, pois, de eficácia mandamental preponderante dirigida ao Poder Público.

O principal caráter mandamental do *writ* fez a jurisprudência mitigar eventuais efeitos condenatórios dessa ação. Assim, prevalece o entendimento de que o mandado de segurança não é instrumento adequado para a imposição de obrigações de pagar quantia certa. Nessa linha, é entendimento sumulado do STF de que o MS não é substitutivo de ação de cobrança (Súmula 269, STF).[162]

Por outro lado, não raros serão os casos em que o ato ilegal, uma vez afastado, ocasiona algum reflexo patrimonial o que é admitido e confirmado pela lei ao prever que "o pagamento de vencimentos e vantagens pecuniárias assegurados em sentença concessiva de mandado

[161] CÂMARA, Alexandre Freitas. *Manual do mandado de segurança*. São Paulo: Altas, 2013, p. 214.

[162] Súmula 269, STF. O mandado de segurança não é substitutivo de ação de cobrança.

de segurança a servidor público da administração direta ou autárquica federal, estadual e municipal somente será efetuado relativamente às prestações que se vencerem a contar da data do ajuizamento da inicial" (art. 14, § 4º). O dispositivo legal citado acaba por abraçar proposta doutrinária que diferenciava a "ordem de pagar" (possível em mandado de segurança) com a "condenação a pagar" (impossível em mandado de segurança).[163] Assim, mesmo quando causar efeitos patrimoniais, esses efeitos apenas podem ser vindicados a partir do ajuizamento da ação.

Ainda quanto aos efeitos da decisão, há que se ponderar que a autoridade da coisa julgada, no mandado de segurança individual, não ostenta particularidades. Aplica-se o regramento geral (arts. 502-508, CPC). Nessa linha de raciocínio, a coisa julgada material apenas será formada quando houver julgamento do mérito do mandado de segurança. Cumpre lembrar que a denegação da ordem pode ocorrer com a apreciação do mérito ou sem a apreciação do mérito.

Por conseguinte, quando a ordem for denegada sem que ocorra exame de mérito, não haverá a formação da coisa julgada material, já quando a ordem for denegada com exame de mérito, haverá a formação da coisa julgada material. E quando não houver exame de mérito, há previsão de que o pedido poderá ser renovado, desde que observado o prazo decadencial da ação (art. 6º, § 6º). De igual modo, quando a sentença ou acórdão denegar a ordem sem decidir o mérito, é possível que o impetrante ajuíze outra ação para buscar o reconhecimento do direito material controvertido (art. 19).

Decisão final	Concessão da ordem	Com exame de mérito	→	Há coisa julgada material	→	Não permite nova ação
	Denegação da ordem	Com exame de mérito	→	Há coisa julgada material	→	Não permite nova ação
		Sem exame de mérito	→	Não há coisa julgada material	→	Permite nova ação

[163] BUENO, Cássio Scarpinella. *Mandado de segurança*: comentários às Leis 1.533/51, 4.348/64 e 5021/66. 5. ed. São Paulo: Saraiva, 2009, p. 182-184. Com ainda mais primor, destacava Hely Lopes Meirelles que a vedação não diz respeito a obrigações pecuniárias, mas sim à utilização do *mandamus* para a apuração de reparação de danos patrimoniais, pretensão que se afasta completamente da finalidade do mandado de segurança (MEIRELLES, Hely Lopes. *Mandado de segurança*: ação popular, ação civil pública, mandado de injunção, habeas data. 13. ed. São Paulo: Revista dos Tribunais, 1989, p. 67).

A grande dificuldade prática diz respeito a reconhecer com segurança os casos em que a denegação da ordem se dá com ou sem exame de mérito. O indicativo jurisprudencial é no sentido de que, se houve a apreciação do direito material alegado, então houve apreciação de mérito.[164]

Contudo, conforme já apontado linhas atrás, há divergência sobre a inserção do "direito líquido e certo" no âmbito do mérito do mandado de segurança. Basta considerar a hipótese em que o magistrado denega a ordem por compreender que não houve a demonstração do direito líquido e certo para que seja instaurado o grave problema: será dado ao impetrante, vencido no *mandamus*, ajuizar ação pelo procedimento comum buscando o reconhecimento do mesmo direito? E outro mandado de segurança é possível? Infelizmente, para essa indagação não há resposta segura e a solução dependerá do exame do caso concreto e da fundamentação empregada[165] o que, no mínimo, se traduz em lamentável insegurança jurídica para os litigantes.

7. Mandado de segurança coletivo

O mandado de segurança coletivo é a garantia constitucional que possibilita a proteção de direito líquido e certo de natureza coletiva por sujeitos legitimados especialmente para tanto. Não há uma definição constitucional ou legal desse instrumento e o texto constitucional se limita a indicar quem são os legitimados ativos para a impetração do *writ* (art. 5º, LXX, CF/88). Aliás, Ovídio Baptista da Silva, eminente processualista, chegou a considerar a "criação mais original" da Constituição de 1988.[166] No plano infraconstitucional, o assunto é detalhado em apenas dois dispositivos (arts. 21-22, Lei nº 12.016/09). Em razão desse déficit normativo, prevalece o entendimento de que o mandado

---

[164] Confira-se: "Ocorrência de coisa julgada material na hipótese, pois, ao se denegar o mandado de segurança impetrado anteriormente pelo recorrente, adentrou no mérito da questão, o que impede sua rediscussão na via ordinária" (STJ, AgRg no REsp 645.400/RJ, Rel. Ministro Humberto Martins, Segunda Turma, julgado em 09/09/2008, DJe 09/10/2008).

[165] "Mister o exame de cada caso concreto para verificar se o que a sentença denominou 'direito líquido e certo' corresponde, efetivamente, à condição da ação (...) ou, embora se tenha valido daquela expressão, acabou por entender inocorrente o próprio direito reclamado pelo impetrante, o 'fundo' de seu direito, é dizer tecnicamente, o 'mérito' do mandado de segurança. Entendeu-se não haver 'direito líquido e certo' porque analisando a questão não se verificou qualquer ilegalidade ou abusividade de poder no ato coator. Nesta segunda hipótese (...), a decisão revestir-se-á de coisa julgada material (...), porque apreciou o mérito do mandado de segurança, não obstante o 'nome' empregado. (BUENO, Cássio Scarpinella. *Mandado de segurança*: comentários às Leis 1.533/51, 4.348/64 e 5021/66. 5. ed. São Paulo: Saraiva, 2009, p. 192).

[166] BAPTISTA DA SILVA, Ovídio A. *Curso de Processo Civil*. Volume 2. Execução obrigacional, execução real, ações mandamentais. 5. ed. São Paulo: Revista dos Tribunais, 2002, p. 370.

de segurança coletivo, além de garantia constitucional, se insere no microssistema de tutela de tutela coletiva.

Há três relevantes diferenças entre o mandado de segurança coletivo e o individual: (a) os legitimados para a impetração; (b) o objeto da impetração; (c) os efeitos da coisa julgada.

Quanto aos legitimados para a impetração,[167] diante da tutela coletiva esperada por essa garantia, o texto constitucional trouxe a lume regras específicas e que conferem legitimidade para os seguintes sujeitos:

(1º) ***Partidos políticos***: não é qualquer partido político que possui legitimidade, mas tão somente os partidos com representação no Congresso Nacional (art. 5º, LXX, *a*, CF/88). A norma infraconstitucional ainda exige que a impetração se dê "na defesa de seus interesses legítimos relativos a seus integrantes ou à finalidade partidária" (art. 21). Em razão dessa previsão legal, surge polêmica em torno da pertinência temática exigida para os partidos políticos. Há, por exemplo, corrente doutrinária ampliativa indicando que todos os partidos possuem como finalidade o "bem comum", fato que justificaria a sua ampla legitimidade ativa.[168] Essa postura mais ampliativa já foi rejeitada pelo STF no passado (RE 196.184, STF).

(2º) ***Organizações sindicais, entidades de classe ou associações***: a organização sindical, entidade de classe ou associação legalmente constituída e em funcionamento há pelo menos um ano, em defesa dos interesses de seus membros ou associados também ostentam legitimidade ativa para a impetração (art. 5º, LXX, *b*, CF/88). Nestes casos, exige-se: (a) regularidade na constituição dessas pessoas; (b) constituição há pelo menos um ano; (c) pertinência temática entre a ação e as suas finalidades institucionais. A norma infraconstitucional melhor detalha esses requisitos ao prever que a ação pode ser impetrada "por organização sindical, entidade de classe ou associação legalmente constituída e em funcionamento há, pelo menos, 1 (um) ano, em defesa de direitos líquidos e certos da totalidade, ou de parte, dos seus membros ou associados, na forma dos seus estatutos e desde que pertinentes às suas finalidades, dispensada, para tanto, autorização especial" (art. 21). Cumpre atentar que a autorização expressa dos membros ou associados não é um requisito para conferir legitimação ativa aos sindicados, entidades de classe ou associações no mandado de segurança coletivo, por se tratar de "típica hipótese de substituição processual",[169] entendimento que

[167] Para Celso Agrícola Barbi, são casos de legitimação extraordinária (substituição processual). BARBI, Celso Agrícola. *Do mandado de segurança*. 10. ed. Rio de Janeiro: Forense, 2001, p. 238.

[168] NEVES, Daniel Amorim Assumpção. *Ações constitucionais*. 3. ed. Salvador: Juspodivm, 2017, p. 233.

[169] STF, RE 210.029, Relator Min. Carlos Velloso, Relator p/Acórdão: Min. Joaquim Barbosa, Tribunal Pleno, julgado em 12/06/2006. No mesmo sentido: Súmula 629, STF. A impetração de mandado de segurança coletivo por entidade de classe em favor dos associados independe da autorização destes (Sessão Plenária de 24/09/2003).

não foi compartilhado para o ajuizado de outras ações coletivas por fundamento constitucional diverso (art. 5º, XXI, CF/88).[170]

É bem verdade que o mandado de segurança coletivo, porquanto inserido no contexto do microssistema de tutela coletiva, deveria acolher o regramento mais abrangente da legitimidade ativa previsto para a ação civil pública (e que será tratado em capítulo próprio). Apenas para exemplificar, o Ministério Público não tem legitimidade para impetrar mandado de segurança coletivo, mas tem legitimidade para ajuizar ação civil pública. O entendimento majoritário nos tribunais ainda é por considerar apenas os legitimados acima citados para a impetração de mandado de segurança coletivo.

Quanto ao objeto da impetração, o mandado de segurança coletivo deve ter por objeto direitos coletivos e direitos individuais homogêneos. São direitos coletivos "os transindividuais, de natureza indivisível, de que seja titular grupo ou categoria de pessoas ligadas entre si ou com a parte contrária por uma relação jurídica básica" e individuais homogêneos "os decorrentes de origem comum e da atividade ou situação específica da totalidade ou de parte dos associados ou membros do impetrante" (art. 21, parágrafo único). Acolhe-se, assim, as definições empregadas no âmbito da tutela coletiva em geral (art. 81, CDC). Diferente de outras ações coletivas, o mandado de segurança coletivo não pode ser empregado para a defesa de direitos difusos ou de direitos individuais indisponíveis relevantes. Nesse sentido, aliás, o mandado de segurança não substituiu a ação popular (Súmula 101, STF), garantia constitucional que permite a qualquer cidadão a proteção do patrimônio público.

Quanto aos efeitos da coisa julgada, dispõe o art. 22, *caput*, da Lei nº 12.016/09, que a sentença fará coisa julgada "limitadamente aos membros do grupo ou categoria substituídos pelo impetrante". A previsão também está em harmonia com a tutela coletiva em geral (art. 103, CDC). Significa, portanto, que a coisa julgada material irá recair sobre os sujeitos que integram o grupo ou a categoria substituídos, ainda que esses sujeitos não façam parte da relação processual. Trata-se de aplicação da coisa julgada *ultra partes* e que atinge terceiros estranhos ao processo mas cujo direito material foi discutido e julgado na ação.

A coisa julgada no mandado de segurança coletivo é assunto problemático quando se busca compatibilizar o regramento específico

---

[170] STF, RE 573232, Relator Min. Ricardo Lewandowski, Relator p/Acórdão: Min. Marco Aurélio, Tribunal Pleno, julgado em 14/05/2014. Ver, também, mais recentemente: RE 612043, Relator Min. Marco Aurélio, Tribunal Pleno, julgado em 10/05/2017.

(apenas o art. 22 da Lei nº 12.016/09 cuida do tema) com as demais disposições presentes no microssistema de tutela coletiva. Exemplo disso são as discussões sobre a viabilidade da coisa julgada *secundum eventum probationis*, prevista no art. 103 do CDC, para o *writ*,[171] e a incidência da limitação territorial da coisa julgada prevista no art. 2º-A da Lei nº 9.494/97 e no art. 16 da LACP.[172]

Por fim, há previsão legal no sentido de que o "mandado de segurança coletivo não induz litispendência para as ações individuais, mas os efeitos da coisa julgada não beneficiarão o impetrante a título individual se não requerer a desistência de seu mandado de segurança no prazo de 30 (trinta) dias a contar da ciência comprovada da impetração da segurança coletiva" (art. 22, § 1º, Lei nº 12.016/09). Assim, se o autor da ação individual quiser se beneficiar dos efeitos da coisa julgada decorrente do mandado de segurança coletivo, deverá desistir da sua ação individual no prazo legalmente previsto. Trata-se de previsão criticada pela doutrina, já que retira de forma desarrazoada a possibilidade de mandado de segurança individual em razão do curto prazo para eventual impetração posterior.[173]

[171] Favorável: NEVES, Daniel Amorim Assumpção. *Ações constitucionais*. 3. ed. Salvador: Juspodivm, 2017, p. 237

[172] A limitação territorial em questão, porém, foi considerada pelo STJ como inaplicável ao mandado de segurança (AgRg no REsp 1472329/CE, Rel. Ministro Mauro Campbell Marques, Segunda Turma, julgado em 27/10/2015, DJe 05/11/2015).

[173] NEVES, Daniel Amorim Assumpção. *Ações constitucionais*. 3. ed. Salvador: Juspodivm, 2017, p. 244.

Capítulo 5

Mandado de injunção

1. Conceito

O mandado de injunção é a ação constitucional, dotada de eficácia plena, que tem por objetivo viabilizar o exercício de direitos, liberdades constitucionais ou prerrogativas inerentes à nacionalidade, à soberania e à cidadania, cuja realização é impedida pela ausência de uma norma regulamentadora.[174] A "inércia ilegítima do Poder Público" em regulamentar determinado direito subjetivo constitucional é o traço marcante do mandado de injunção.[175]

O mandado de injunção está previsto no texto constitucional da seguinte forma: "conceder-se-á mandado de injunção sempre que a falta de norma regulamentadora torne inviável o exercício dos direitos e liberdades constitucionais e das prerrogativas inerentes à nacionalidade, à soberania e à cidadania" (art. 5º, LXXI, CF/88).

A sua principal finalidade, como se verifica, é "conferir imediata viabilidade ao exercício de direitos, liberdades e prerrogativas constitucionais, obstado em virtude de ausência de regulamentação".[176] Não raro, as normas constitucionais enunciam direitos fundamentais cuja efetividade dependerá de outras normas infraconstitucionais. A ausência destas últimas, porém, não pode ser óbice eterno para a concretização de direitos, razão pela qual o próprio constituinte proporcionou ao cidadão uma ação constitucional que permitisse a imediata fruição desses direitos com a obtenção de uma decisão que "censure situações

---

[174] MENDES, Gilmar Ferreira; BRANCO, Paulo Gustavo Gonet. *Curso de direito constitucional*. 8. ed. São Paulo: Saraiva, 2013, p. 1179; SILVA, José Afonso da. *Curso de direito constitucional positivo*. 24. ed. São Paulo: Malheiros, 2005, p. 448.

[175] BARROSO, Luís Roberto. *O controle de constitucionalidade no direito brasileiro*. 7. ed. São Paulo: Saraiva, 2016, p. 169.

[176] PIOVESAN, Flávia. *Proteção judicial contra as omissões legislativas*. 2. ed. São Paulo: Revista dos Tribunais, 2003, p. 141.

de omissão constitucional".[177] Eis o papel central do mandado de injunção e que não se confunde com a ação declaratória de inconstitucionalidade por omissão.

O mandado de injunção é remédio constitucional de controle incidental, concreto e difuso (limitado) de constitucionalidade.[178] O regramento infraconstitucional do mandado de injunção é dado pela Lei nº 13.300/16, com aplicação subsidiária da Lei nº 12.016/09 e do Código de Processo Civil (art. 14, Lei nº 13.300/16).

2. Cabimento

A inegável restrição jurisprudencial ao cabimento do mandado de injunção tem causado questionável efetividade da ação constitucional, levando alguns a considerar que ele "jamais atendeu de modo significativo às expectativas criadas com sua instituição".[179] Nesse sentido, merece crítica a postura do Supremo Tribunal Federal no que diz respeito aos seus pressupostos e que acabam sendo interpretados de maneira altamente restritiva. De todo modo, porque amplamente aceita a noção, destaca-se aqui o que deve ser demonstrado para que seja cabível o *writ*:

(1º) **Norma constitucional não regulamentada**: é necessária a ausência de regulamentação da norma constitucional que anuncia determinado direito subjetivo para o manejo do mandado de injunção. Assim, exige-se a norma constitucional enunciativa de um direito subjetivo e que essa norma possua um *déficit* de regulamentação infraconstitucional. Trata-se, claramente, de um pressuposto aberto e que pode melhor ser compreendido a partir de alguns parâmetros já apreciados pelo Supremo Tribunal Federal: (a) *não é cabível*, se já existe uma legislação infraconstitucional regulando a matéria, inclusive se a regulação for relacionada à constituição pretérita;[180] (b) *não é cabível*, se a norma constitucional for de eficácia plena ou contida, pois nesses casos o direito subjetivo dispensa regulamentação e pode ser exercido diretamente;[181] (c) *não é cabível*, se a norma constitucional for meramente (de eficácia limitada e)

[177] QUINTAS, Fábio Lima. *Mandado de injunção no Supremo Tribunal Federal*. São Paulo: Saraiva, 2016, p. 273.

[178] O tema contudo é controverso, havendo posição no sentido de que se cuida de controle concreto, concentrado e por ação (QUINTAS, Fábio Lima. *Mandado de injunção no Supremo Tribunal Federal*. São Paulo: Saraiva, 2016, p. 309).

[179] BARROSO, Luís Roberto. *O controle de constitucionalidade no direito brasileiro*. 7. ed. São Paulo: Saraiva, 2016, p. 170.

[180] MI 5279 AgR, Relator Min. Luiz Fux, Tribunal Pleno, julgado em 18/12/2013.

[181] MI 211, Relator p/ Acórdão Min. Marco Aurélio, Tribunal Pleno, julgado em 10/11/1993.

facultativa;[182] (d) *não é cabível* se a falta de regulamentação for infralegal (ex: ausência do decreto regulamentar que permita a execução de uma lei já existente);[183] (e) *não é cabível* para dar uma melhor interpretação à norma que já tenha regulamentado determinado direito subjetivo constitucional.

- **Regulamentação parcial**: apesar de a jurisprudência do STF reconhecer que não cabe mandado de injunção se já existe uma legislação infraconstitucional tratando da matéria,[184] a Lei do Mandado de Injunção expressamente autoriza o cabimento da impetração quando houver regulamentação parcial do direito cuja efetivação é pretendida (art. 2º, Lei nº 13.300/16). Assim, em sentido inverso, é possível concluir que a omissão parcial do poder público também justifica o cabimento do mandado de injunção.

(2º) **Dever de edição da norma infraconstitucional**: somente é cabível o mandado de injunção quando houver um dever por parte do Estado-legislador em regulamentar o comando constitucional e apto a efetivar determinado direito subjetivo constitucional.[185] Trata-se de requisito que demonstra a ausência de uma plena liberdade quanto ao direito de legislar.

(3º) **Efetiva omissão do Poder Público**: para que seja cabível o *writ* é necessário que haja *mora legislativa*, isto é, a superação excessiva de um prazo razoável para a elaboração da legislação necessária à realização do direito pretendido. Em razão disso: (a) se há prazo previsto na própria Constituição para a regulamentação, uma vez escoado, estará caracterizada a mora do Poder Público; (b) do contrário, é necessário que tenha

---

182 MI 444 QO, Relator Min. Sydney Sanches, Tribunal Pleno, julgado em 29/09/1994.

183 MI 766 AgR, Relator Min. Joaquim Barbosa, Tribunal Pleno, julgado em 21/10/2009. Contra: "A omissão que possibilita o requerimento de mandado de injunção poderá ser de norma regulamentadora de qualquer hierarquia – lei complementar, ordinária, regulamento, resolução, portaria, decisões administrativas normativas – desde que sua ausência inviabilize um direito constitucional", BARROSO, Luís Roberto. *O controle de constitucionalidade no direito brasileiro*. 7. ed. São Paulo: Saraiva, 2016, p. 178; PIOVESAN, Flávia. *Proteção judicial contra as omissões legislativas*. 2. ed. São Paulo: Revista dos Tribunais, 2003, p. 135.

184 MI 152 AgR, Relator Min. Celio Borja, Tribunal Pleno, julgado em 21/03/1990.

185 Assim: "O direito à legislação só pode ser invocado pelo interessado, quando também existir – simultaneamente imposta pelo próprio texto constitucional – a previsão do dever estatal de emanar normas legais. Isso significa que o direito individual à atividade legislativa do Estado apenas se evidenciará naquelas estritas hipóteses em que o desempenho da função de legislar refletir, por efeito de exclusiva determinação constitucional, uma obrigação jurídica indeclinável imposta ao Poder Público. – Para que possa atuar a norma pertinente ao instituto do mandado de injunção, revela-se essencial que se estabeleça a necessária correlação entre a imposição constitucional de legislar, de um lado, e o consequente reconhecimento do direito público subjetivo à legislação, de outro, de tal forma que, ausente a obrigação jurídico-constitucional de emanar provimentos legislativos, não se tornará possível imputar comportamento moroso ao Estado nem pretender acesso legítimo à via injuncional" (MI 679 AgR, Relator Min. Celso de Mello, Tribunal Pleno, julgado em 09/10/2014).

decorrido ***prazo razoável*** sem a edição do ato legislativo necessário à efetividade da norma constitucional.[186]

- **Apresentação de Projeto de Lei**: a simples apresentação do projeto de lei ao Poder Legislativo, por si só, não é causa suficiente para afastar a demora na efetivação do direito. Assim, a demora na deliberação da lei (tardança no processo legislativo – *inertia deliberandi*) também autoriza o manejo do mandado de injunção.
- **Regulamentação superveniente**: caso seja impetrado mandado de injunção em razão da ausência de norma infraconstitucional e, no curso da ação, a norma é editada, haverá regulamentação superveniente do direito do impetrante, ocasionando situação de prejudicialidade e, portanto, de extinção do processo sem exame de mérito (art. 11, parágrafo único, Lei nº 13.300/16).[187] Trata-se, aqui, de inovação legislativa contrária à jurisprudência do STF.[188]

3. Legitimidade

A ***legitimidade ativa*** do mandado de injunção é ampla, de modo que *qualquer pessoa natural ou jurídica* pode utilizar o remédio constitucional (art. 3º, primeira parte, Lei nº 13.300/16). Assim, cabe ao titular do direito cujo exercício está impedido por ausência de regulamentação a legitimação ativa para o mandado de injunção.[189] Há regra específica acerca da legitimidade ativa no mandado de injunção coletiva e que será trata em tópico próprio (art. 12).

A ***legitimidade passiva*** do mandado de injunção, por sua vez, é sempre do Poder, do órgão ou da autoridade com atribuição para editar a norma regulamentadora (art. 3º, segunda parte, Lei nº 13.300/16).[190] Os particulares, portanto, não figuram no polo passivo da demanda, nem mesmo na condição de litisconsortes. No ponto, está superado o entendimento de que deveria ocorrer litisconsórcio necessário entre o responsável pela elaboração do ato normativo e o sujeito que suportaria diretamente o ônus da concessão da ordem de injunção.[191]

---

[186] MI 361, Relator p/ Acórdão Min. Sepúlveda Pertence, Tribunal Pleno, julgado em 08/04/1994.

[187] MI 6858 AgR, Relator Min. Edson Fachin, Tribunal Pleno, julgado em 15/06/2018.

[188] Antes da nova lei, o mandado de injunção não deveria ser considerado prejudicado, mas sim decidido com base no parâmetro extraído da nova lei (MI 943, Relator Min. Gilmar Mendes, Tribunal Pleno, julgado em 06/02/2013).

[189] BARROSO, Luís Roberto. *O controle de constitucionalidade no direito brasileiro*. 7. ed. São Paulo: Saraiva, 2016, p. 172.

[190] MI 335 AgR, Relator Min. Celso de Mello, Tribunal Pleno, julgado em 09/08/1991.

[191] MI 323, Relator Min. Moreira Alves, Tribunal Pleno, julgado em 08/04/1994

- **Iniciativa reservada**: o Supremo Tribunal Federal já decidiu que se a norma regulamentadora sequer foi apresentada para o Poder Legislativo, a legitimidade passiva do mandado de injunção deverá recair sobre quem possua iniciativa para a apresentação do projeto de lei, isto é, quem possua o poder de iniciativa (MI 153).

4. Competência

Como o mandado de injunção é ação de controle difuso de constitucionalidade, não necessariamente é impetrado perante o Supremo Tribunal Federal. Pelo contrário, há múltiplas regras de competência acerca de qual órgão judicial deverá realizar o julgamento e que convergem para uma atuação geral dos tribunais.[192] Em síntese, a competência é determinada de acordo com a autoridade, órgão ou entidade a quem caiba o exercício legislativo não havido.[193] As regras são as seguintes:

- ***Competência do Supremo Tribunal Federal***: quando a elaboração da norma regulamentadora for atribuição do Presidente da República, do Congresso Nacional, da Câmara dos Deputados, do Senado Federal, das Mesas de uma dessas Casas Legislativas, do Tribunal de Contas da União, de um dos Tribunais Superiores, ou do próprio Supremo Tribunal Federal (art. 102, I, *q*, CF/88).
- ***Competência do Superior Tribunal de Justiça***: quando a elaboração da norma regulamentadora for atribuição de órgão, entidade ou autoridade federal, da administração direta ou indireta, excetuados os casos de competência do Supremo Tribunal Federal e dos órgãos da Justiça Militar, da Justiça Eleitoral, da Justiça do Trabalho e da Justiça Federal (art. 105, I, *h*, CF/88).
- ***Competência do Tribunal Superior Eleitoral***: para julgamento do recurso ao mandado de injunção denegado pelo Tribunal Regional Eleitoral (art. 121, § 4º, V, CF/88).[194]
- ***Competência dos Tribunais de Justiça e juízes estaduais***: diante da autonomia do Poder Judiciário Estadual (art. 125, § 1º, CF/88), caberá à Constituição Estadual estabelecer as regras de competência em razão das omissões dos Poderes Públicos estaduais e municipais.[195]

---

192 BARROSO, Luís Roberto. *O controle de constitucionalidade no direito brasileiro*. 7. ed. São Paulo: Saraiva, 2016, p. 170.

193 NEVES, Daniel Amorim Assumpção. *Ações constitucionais*. 3. ed. Salvador: Juspodivm, 2017, p. 134.

194 Atualmente o Código Eleitoral não atribui qualquer competência ao TRE para julgamento de mandado de injunção.

195 A título exemplificativo, a Constituição Estadual do Rio Grande do Sul estabelece a competência do Tribunal de Justiça para julgamento dos mandados de injunção em que haja omissão dos entes estaduais ("do Governador do Estado, da Assembleia Legislativa e seus órgãos, dos Secre-

5. Procedimento

A Lei nº 13.300/16 suprimiu o vácuo legislativo acerca do procedimento que deve ser observado por ocasião da impetração do mandado de injunção. Apresentada petição inicial cujos requisitos constam no art. 4º, o impetrado será notificado para manifestação no prazo de dez dias (art. 5º). Após as informações, o Ministério Público deverá se manifestar no prazo de dez dias (art. 7º). Na sequência, o processo pode ser considerado pronto para julgamento.

Vale registrar que a petição inicial pode ser indeferida quando a impetração for manifestamente incabível ou manifestamente improcedente (art. 6º) e da decisão monocrática caberá agravo, no prazo de cinco dias, para o órgão colegiado (art. 7º).

Por fim, aplica-se subsidiariamente o procedimento do mandado de segurança (Lei nº 12.016/09) e, no que for compatível, o Código de Processo Civil (Lei nº 13.105/15).

A doutrina majoritária é favorável ao cabimento de liminares em mandado de injunção,[196] embora não seja esse o entendimento do STF[197] além de não haver previsão legal expressa na Lei nº 13.300/16. Todavia, como é viável a aplicação subsidiária das regras atinentes ao mandado de segurança, não se vislumbra justificativa para negar a sua admissão quando a medida se faça "necessária e indispensável".[198] Ressalte-se, porém, a dificuldade prática no preenchimento dos requisitos legais para a concessão da tutela de urgência.

6. Efeitos (da decisão)

A questão mais polêmica do mandado de injunção diz respeito aos efeitos do pronunciamento judicial.[199] Como o *writ* tem por objeti-

---

tários de Estado, do Tribunal de Contas do Estado e seus órgãos, dos Juízes de primeira instância, dos membros do Ministério Público e do Procurador-Geral do Estado") e dos entes municipais (dos Prefeitos Municipais e das Câmaras de Vereadores) (art. 95, XII, Constituição do Estado do Rio Grande do Sul).

[196] Com ampla bibliografia: NEVES, Daniel Amorim Assumpção. *Ações constitucionais*. 3. ed. Salvador: Juspodivm, 2017, p. 140.

[197] MI 542, Relator Min. Celso de Mello, Tribunal Pleno, julgado em 29/08/2001; MI 4408, Relator Min. DIAS TOFFOLI, julgado em 28/09/2017, publicado em 03/10/2017 (decisão monocrática).

[198] ZAVASCKI, Teori Albino. Mandado de injunção: anotações ao PL n. 6128/2009. In: MENDES, Gilmar Ferreira *et ali* (org.). *Mandado de injunção*: estudos sobre sua regulamentação. São Paulo: Saraiva, 2013, p. 99.

[199] CASTRO, Guilherme de Siqueira; FERREIRA, Olavo Augusto Vianna Alves. *Mandado de injunção*. Salvador: Juspodivm, 2016, p. 127.

vo assegurar o exercício de um direito cuja realização foi obstada pela falta de uma norma regulamentadora, discute-se se o provimento do mandado de injunção é suficiente para que o direito seja efetivamente exercido ou se a decisão apenas impõe que o Poder Público elabore a norma necessária para a realização do direito.

Há, portanto, um debate sobre a natureza da decisão: se meramente declaratória (enunciação de que existe o direito à elaboração da norma) ou se de caráter constitutivo[200] (na medida em que permitiria a imediata fruição do direito não normatizado, criando uma nova situação jurídica). Há também discussão quanto à extensão dos efeitos da decisão tomada. O tema é delicado, pois, reflete diretamente a estrutura da separação de poderes. Seria o Poder Judiciário apto a viabilizar o exercício de um direito ainda não elaborado/previsto pelo legislador infraconstitucional? Não haveria aí intromissão na esfera de competências do Poder Legislativo? Para a solução do impasse, existem algumas teorias explicativas quantos aos efeitos da decisão em mandado de segurança.

- ***Teoria não concretista*** (ou teoria da subsidiariedade): para esta teoria, a decisão concessiva do mandado de injunção é meramente declaratória e, portanto, ela apenas reconhece a omissão na edição da norma regulamentadora. Neste caso, o papel do Poder Judiciário se restringe a reconhecer o atraso legislativo e comunicar o Poder Legislativo para que este elabore a norma necessária. Ela já foi utilizada pelo Supremo Tribunal Federal em casos mais antigos.[201] A vantagem dessa teoria é que ela implica maior deferência do Poder Judiciário ao Poder Legislativo e acarreta maior liberdade de ação na elaboração de leis. A desvantagem é que essa concepção acaba por esvaziar o mandado de injunção ao não concretizar o direito buscado em juízo e que prosseguirá na dependência da boa vontade do legislador.[202]
- ***Teoria concretista***: para esta teoria, a decisão concessiva do mandado de injunção não é meramente declaratória, já que, além de reconhecer a omissão na edição da norma regulamentadora, ela também viabiliza o exercício do direito pendente de regulamentação infraconstitucional até que a complementação seja editada pelo Poder Legislativo. Neste caso, o papel do Poder Judiciário, além de reconhecer o atraso e comunicar o Poder Legislativo, é proporcionar a efetiva fruição do direito

[200] Pelo caráter constitutivo: BARBI, Celso Agrícola. Mandado de injunção. In: TEIXEIRA, Sálvio de Figueiredo (Coord.). *Mandados de segurança e de injunção*: estudos de direito processual constitucional em memória de Ronaldo Cunha Campos. São Paulo: Saraiva, 1990, p. 391; BARROSO, Luís Roberto. *O controle de constitucionalidade no direito brasileiro*. 7. ed. São Paulo: Saraiva, 2016, p. 180.

[201] MI 107 QO, Relator Min. Moreira Alves, Tribunal Pleno, julgado em 23/11/1989.

[202] NEVES, Daniel Amorim Assumpção. *Ações constitucionais*. 3. ed. Salvador: Juspodivm, 2017, p. 129.

pretendido, colmatando o vácuo infraconstitucional de alguma forma. A teoria concretista pode ser ainda classificada em geral e individual.

- ***Teoria concretista geral*** (ou teoria da independência judicial): neste caso, além de proporcionar a efetiva fruição do direito pretendido, a decisão teria caráter genérico o suficiente para abstratamente atingir todas as pessoas que se incluam na situação de omissão lesiva do direito proveniente da mora legislativa. Haveria aqui eficácia *erga omnes* do pronunciamento no mandado de injunção. O perigo dessa teoria é aproximar excessivamente o Poder Judiciário da função legislativa já que, neste caso, haveria uma verdadeira norma geral e abstrata elaborada pela via judicial.
- ***Teoria concretista individual*** (ou teoria da resolutividade): neste caso, a efetiva fruição do direito pretendido somente poderia ser concedida àqueles que participaram da relação processual, isto é, a eficácia do pronunciamento do mandado de injunção atingiria apenas os sujeitos a ele relacionados, ou seja, haveria eficácia *inter partes*. Nesta hipótese, ainda há quem considere que a teoria concretista individual pode ser direta (com a imediata implementação do direito) ou intermediária (com ciência e prazo para que o Poder Legislativo atue e, mantida a mora, implementação do direito).

A questão que se impõe é: *qual a teoria adota pelo Supremo Tribunal Federal?* A resposta para tal indagação somente pode ser dada em um panorama jurisprudencial, histórico e que leve em consideração até mesmo a composição da Corte. Sem pretensão de exaurir o debate sobre o papel de uma Corte Constitucional num Estado Democrático de Direito, o que merece ser destacado é que, por muitos anos, o Supremo Tribunal Federal adotou a teoria não concretista; posteriormente, flertou com a teoria concretista geral; atualmente, adota majoritariamente a teoria concretista individual.

A ***primeira posição*** foi no sentido de que a decisão do mandado de injunção se resumiria à mera declaração da ocorrência de omissão inconstitucional com a comunicação à autoridade omissa para que promovesse a integração normativa. Tal posição se consolidou a partir de voto do Ministro Moreira Alves que, em questão de ordem, considerou a "autoaplicabilidade" do mandado de injunção mas que lhe conferiu mero contorno declaratório.[203]

A ***segunda posição*** foi no sentido de que a decisão do mandado de injunção, além de proporcionar a efetiva fruição do direito pretendido, teria o condão de impor algum grau de condenação ao ente

[203] MI 107 QO, Relator Min. Moreira Alves, Tribunal Pleno, julgado em 23/11/1989. Posteriormente, no mesmo sentido: MI nº 585/TO, Rel. Min. Ilmar Galvão, DJ 2.8.2002; e MI nº 485/MT, Rel. Min. Maurício Corrêa, DJ 23.8.2002.

omisso.[204] Posteriormente, a Corte indicou que a decisão em mandado de injunção teria caráter geral o suficiente para atingir todas as pessoas que se incluíssem na situação de omissão. Essa foi a solução empregada no caso do direito de greve dos servidores públicos civis cuja ausência de regulamentação justificou a adoção das regras atinentes à iniciativa privada (Lei nº 7.783/89). No julgamento em questão, a eficácia da decisão foi sobremaneira abrangente, muito embora alguns Ministros tenham mencionado expressamente que a decisão apenas estaria solucionando o caso concreto e a menção à eficácia *erga omnes* constou no voto do Relator (Min. Gilmar Mendes) e, posteriormente, na ementa.[205]

Na defesa dessa posição – claramente em sintonia com a teoria concretista geral – Luís Roberto Barroso assevera: "Tal possibilidade não deve ser vista como violação à separação dos Poderes, por pelo menos dois motivos. Em primeiro lugar, pelo fato de a própria Constituição ter instituído o mandado de injunção para o controle das omissões inconstitucionais, sendo certo que a doutrina já defendia que o efeito normal da decisão deveria ser o suprimento da omissão. A atribuição de eficácia geral à disciplina temporária assim instituída confere racionalidade ao sistema e tutela a isonomia, evitando que situações semelhantes recebam tratamentos distintos por motivos diversos. Em segundo lugar, veja-se que os poderes constituídos em geral, incluindo o legislador, estão submetidos à Constituição. No caso, o principal fato de legitimação da atuação do Judiciário é a omissão de outro Poder, que tinha como efeito a paralisação da eficácia de normas constitucionais".[206]

A ***terceira posição*** é no sentido de que a decisão do mandado de injunção, além de proporcionar a efetiva fruição do direito pretendido, atinge apenas os sujeitos a ela relacionados. Trata-se, portanto, de conferir eficácia *inter partes* às decisões proferidas em mandado de injunção e que representa claro retrocesso quanto à postura anterior. Foi adotada em julgamento que discutia o direito não regulamentado

---

204 No julgamento de mandado de injunção impetrado em razão da omissão na regulamentação de uma reparação econômica decorrente de atos discricionários do Ministério da Aeronáutica editados após a ditadura militar (art. 8º, § 3º, ADCT), o STF reconheceu a existência de mora legislativa e estabeleceu a possibilidade de que os impetrantes ajuizassem ações de reparação para obtenção da mesma reparação cuja regulamentação não surgira no prazo exigido pelo texto constitucional. (MI 283, Relator Min. Sepúlveda Pertence, Tribunal Pleno, julgado em 20/03/1991).

205 MI 670, Relator Min. Maurício Corrêa, Relator p/ Acórdão Min. Gilmar Mendes, Tribunal Pleno, julgado em 25/10/2007; MI 712, Relator Min. Eros Grau, Tribunal Pleno, julgado em 25/10/2007. Votaram favorável ao caráter individual das decisões os Ministros Marco Aurélio, Joaquim Barbosa e Ricardo Lewandowski.

206 BARROSO, Luís Roberto. *O controle de constitucionalidade no direito brasileiro*. 7. ed. São Paulo: Saraiva, 2016, p. 189.

da aposentadoria especial para servidores públicos, oportunidade em que o STF reconheceu o direito a essa aposentadoria com base na lei atinente à iniciativa privada diante da ausência de regulamentação para aquele grupo de servidores públicos.[207]

As decisões mais recentes do Supremo Tribunal Federal vêm-se orientando no sentido da teoria concretista individual, mas com a possibilidade de aplicação da tese jurídica fixada em determinado processo para outros mandados de injunção mediante decisão monocrática do Relator.[208]

Por fim, cumpre levar em consideração o advento da Lei nº 13.300/16 e o tratamento que foi conferido às decisões proferidas em mandado de injunção, notadamente diante da "solução sincrética" trazida pelo legislador.[209]

No aspecto subjetivo, o art. 9º, *caput*, da Lei nº 13.300/16 prevê que a decisão terá eficácia limitada às partes. Admite-se, porém, extensão dos efeitos subjetivos, mediante eficácia *ultra partes* ou *erga omnes* "quando isso for inerente ou indispensável ao exercício do direito, da liberdade ou da prerrogativa objeto da impetração" (art. 9º, § 1º) Confira-se a redação do texto legal pertinente ao tema:

> Art. 9º A decisão terá eficácia subjetiva limitada às partes e produzirá efeitos até o advento da norma regulamentadora.
>
> § 1º Poderá ser conferida eficácia ultra partes ou erga omnes à decisão, quando isso for inerente ou indispensável ao exercício do direito, da liberdade ou da prerrogativa objeto da impetração.
>
> § 2º Transitada em julgado a decisão, seus efeitos poderão ser estendidos aos casos análogos por decisão monocrática do relator.
>
> § 3º O indeferimento do pedido por insuficiência de prova não impede a renovação da impetração fundada em outros elementos probatórios.

É possível concluir, portanto, que foi adotada, como regra geral, a teoria concretista individual, já que a efetiva fruição do direito pretendido somente poderá ser concedida àqueles que participaram da relação processual do mandado de injunção (eficácia *inter partes*).

---

207 Assim, "inexistente a disciplina específica da aposentadoria especial do servidor, impõe-se a adoção, via pronunciamento judicial, daquela própria aos trabalhadores em geral – artigo 57, § 1º, da Lei nº 8.213/91" (MI 758, Relator Min. Marco Aurélio, Tribunal Pleno, julgado em 01/07/2008)

208 Assim, por exemplo, tem ocorrido com pedidos para assegurar ao servidor público portador de deficiência o direito à aposentadoria especial na forma em que prevista pelo RGPS, já que ausente legislação específica para agentes públicos (STF MI 6208, Relator Min. Marco Aurélio, Primeira Turma, julgado em 11/12/2018; MI 6751 AgR, Relator Min. Ricardo Lewandowski, Tribunal Pleno, julgado em 22/03/2019).

209 CASTRO, Guilherme de Siqueira; FERREIRA, Olavo Augusto Vianna Alves. *Mandado de injunção*. Salvador: Juspodivm, 2016, p. 134.

Todavia, como exceção, poderá ser adotada a teoria concretista geral para atingir todas as pessoas que se incluam na situação de omissão lesiva do direito proveniente da mora legislativa (eficácia *erga omnes*).

No aspecto objetivo, quanto às cargas de eficácia da sentença, a Lei nº 13.300/16 prevê que, reconhecido o estado de mora legislativa, a segurança será concedida para: (a) determinar prazo razoável à regulamentação do direito buscado; (b) estabelecer as condições para o exercício do direito pleiteado em juízo ou, se for o caso, estabelecer as condições para a promoção de ação próprio com a finalidade de exercer esse direito diante da persistência na mora legislativa. Confira-se a redação da previsão legal ora mencionada:

> Art. 8º Reconhecido o estado de mora legislativa, será deferida a injunção para:
>
> I – determinar prazo razoável para que o impetrado promova a edição da norma regulamentadora;
>
> II – estabelecer as condições em que se dará o exercício dos direitos, das liberdades ou das prerrogativas reclamados ou, se for o caso, as condições em que poderá o interessado promover ação própria visando a exercê-los, caso não seja suprida a mora legislativa no prazo determinado.
>
> Parágrafo único. Será dispensada a determinação a que se refere o inciso I do *caput* quando comprovado que o impetrado deixou de atender, em mandado de injunção anterior, ao prazo estabelecido para a edição da norma.

Com efeito, a decisão em mandado de injunção passa a ser qualificada por eficácia declaratória (reconhecimento da mora legislativa), eficácia mandamental (ordem de edição da norma em prazo razoável)[210] e também por eficácia constitutiva (estabelecimento das condições para o exercício do direito ou da ação). A criação de norma jurídica para a realização de direito pleiteado traz à tona uma sentença normativa aditiva.[211] Por outro lado, dúvida surge sobre a obrigatoriedade de todas essas cargas de eficácia estarem presentes na decisão. É dizer, poderia o STF imediatamente estipular as condições para o

---

[210] Alguns defendem, porém, que em razão da separação de poderes, o Poder Legislativo não pode ser compelido a cumprir a decisão e superar a mora deliberandi, de modo que, no ponto, somente seria possível ampliar o debate institucional entre os Poderes através de um verdadeiro "apelo ao legislador" para que adote as medidas necessárias à edição da norma regulamentadora (QUINTAS, Fábio Lima. *Mandado de injunção no Supremo Tribunal Federal*. São Paulo: Saraiva, 2016, p. 297). O mesmo autor, contudo, traz interessantíssima reflexão: "Poder-se-ia cogitar, por fim, de decisões de procedência em mandado de injunção que, além de reconhecer a situação de omissão legislativa inconstitucional, impusessem ao Legislador, por meio de técnicas de coerção indireta, o suprimento da obrigação de legislar. O Tribunal, por exemplo, ordenaria o suprimento da mora normativa, sob pena de ficarem sobrestadas 'até que se ultime a votação, todas as demais deliberações legislativas da Casa em que estiver tramitando', na forma preceituada no § 6º do art. 62 da Constituição. Ou ainda, sob pena de ser obstada a interrupção da sessão legislativa, em sentido análogo ao estabelecido no § 2º do art. 57 da Constituição." (Idem, p. 306).

[211] CASTRO, Guilherme de Siqueira; FERREIRA, Olavo Augusto Vianna Alves. *Mandado de injunção*. Salvador: Juspodivm, 2016, p. 135; QUINTAS, op. loc. cit., p. 300.

exercício do direito sem mesmo determinar prazo razoável para a sua regulamentação? Será preciso aguardar a maturação da própria legislação.[212]

Ainda no aspecto objetivo, diferente das ações de controle concentrado, a decisão proferida em mandado de injunção não possui efeito vinculante por ausência de previsão legal ou constitucional expressa nesse sentido. Acertadamente, a doutrina lembra que esse efeito vinculante poderia ser obtido caso o julgamento ocorra através de alguma sistemática específica prevista no Código de Processo Civil (v. g., incidente de resolução de demandas repetitivas ou recurso especial ou extraordinário repetitivo).[213]

No aspecto temporal, o art. 9º, *caput*, da Lei nº 13.300/16, prevê que a decisão produzirá os seus efeitos até o advento da norma regulamentadora. Assim, quando é elaborada a norma regulamentadora, as relações jurídicas que antes eram resolvidas pela decisão final do mandado de injunção, passam a ser reguladas pela norma regulamentadora. A eficácia temporal da decisão ainda é detalhada nos artigos 10 e 11 da Lei nº 13.300/16, cuja redação é a seguinte:

> Art. 10. Sem prejuízo dos efeitos já produzidos, a decisão poderá ser revista, a pedido de qualquer interessado, quando sobrevierem relevantes modificações das circunstâncias de fato ou de direito.
>
> Parágrafo único. A ação de revisão observará, no que couber, o procedimento estabelecido nesta Lei.
>
> Art. 11. A norma regulamentadora superveniente produzirá efeitos *ex nunc* em relação aos beneficiados por decisão transitada em julgado, salvo se a aplicação da norma editada lhes for mais favorável.
>
> Parágrafo único. Estará prejudicada a impetração se a norma regulamentadora for editada antes da decisão, caso em que o processo será extinto sem resolução de mérito.

A autoridade da decisão proferida em mandado de injunção segue a regra geral do Código de Processo Civil e irá irradiar os seus efeitos enquanto estiverem presentes as mesmas circunstâncias de fato ou de direito que justificaram o seu surgimento. Trata-se, portanto, de observar a cláusula *rebus sic stantibus*: alterações nas circunstâncias

---

212 Para Fábio Lima Quintas, é possível identificar quatro decisões de procedência na quadra atual do mandado de injunção: (a) decisão meramente declaratória, com apelo ao legislador; (b) decisão meramente declaratória, com a fixação de prazo para a superação da omissão inconstitucional; (c) decisão integrativa da omissão com a indicação das condições para a assunção e o exercício do direito constitucionalmente assegurado; (d) decisão integrativa que enuncie a regra aplicável e invista o indivíduo no direito subjetivo constitucionalmente assegurado (QUINTAS, Fábio Lima. *Mandado de injunção no Supremo Tribunal Federal*. São Paulo: Saraiva, 2016, p. 309).

213 CASTRO, Guilherme de Siqueira; FERREIRA, Olavo Augusto Vianna Alves. *Mandado de injunção*. Salvador: Juspodivm, 2016, p 138.

fáticas ou jurídicas podem afetar diretamente a autoridade da decisão.[214] Caso se entendesse em contrário, a função normativa do Poder Judiciário, em mandado de injunção, seria mais ampla do que aquela conferida ao próprio Poder Legislativo.

O contrapeso dessa solução normativa tomada em mandado de injunção fica com o seu caráter temporário, já que não só a decisão poderá ser revista mediante "ação de revisão", caso haja mudança nas circunstâncias de fato ou de direito (art. 10, parágrafo único), como a superveniência de norma regulamentadora ocasiona a cessação dos efeitos normativos da decisão. O curioso é que a cessação de efeitos poderá ocorrer desde a edição da norma superveniente (efeitos *ex nunc*) ou poderá se dar retroativamente, caso a norma superveniente seja mais favorável ao impetrante (efeitos *ex tunc*) nos termos do art. 11, *caput*, da Lei nº 13.300/16.[215] Deve ser aplicado, entretanto, o regime jurídico geral em matéria de direito intertemporal. Isto porque a retroatividade da lei, ainda que mais benéfica, é situação excepcional e que depende de expressa referência legislativa. Nesse sentido, o art. 11, *caput*, da Lei nº 13.300/16 representa apenas uma autorização para que os efeitos normativos do mandado de injunção sejam afastados inclusive de modo retroativo. Todavia, será preciso expressa e específica previsão legal na norma superveniente quanto a eventual retroatividade de seus efeitos para que o impetrante possa se beneficiar dessa situação mais favorável.

7. Mandado de injunção coletivo

O mandado de injunção coletivo é a ação constitucional conferida a sujeitos especialmente legitimados, dotada de eficácia plena, que tem por objetivo viabilizar o exercício de direitos, liberdades constitucionais ou prerrogativas inerentes à nacionalidade, à soberania e à cidadania, de natureza coletiva e cuja realização é impedida pela ausência de uma norma regulamentadora.

Embora não haja previsão constitucional expressa para o mandado de injunção coletivo, o Supremo Tribunal Federal considera aplicável o art. 5º, LXX, da Constituição Federal que, ao prever o mandado

[214] ZAVASCKI, Teori Albino. Mandado de injunção: anotações ao PL n. 6128/2009. In: MENDES, Gilmar Ferreira *et al.* (orgs.). *Mandado de injunção*: estudos sobre sua regulamentação. São Paulo: Saraiva, 2013, p. 99.

[215] Solução similar foi adotada pelo STF em julgamento anterior à Lei nº 13.300/16. Todavia, o dispositivo legal em comento traz previsão muito mais abrange do que a solução dada pelo STF (MI 283, Relator Min. Sepúlveda Pertence, Tribunal Pleno, julgado em 20/03/1991).

de segurança coletivo, também justifica o mandado de injunção coletivo.[216] Atualmente, o art. 1º da 13.300/16 consagra a existência do *writ* como instrumento de tutela coletiva e o assunto é detalhado em dispositivos subsequentes (arts. 12-13, Lei nº 13.300/16). É prevalente o entendimento de que o mandado de injunção coletivo, além de garantia constitucional, se insere no microssistema de tutela de tutela coletiva.

Há três relevantes diferenças entre o mandado de injunção coletivo e o individual: (a) os legitimados para a impetração; (b) o objeto da impetração; (c) os efeitos da coisa julgada.

Quanto aos legitimados para a impetração, como não havia regramento específico, defendia-se que aqueles legitimados para o mandado de segurança coletivo poderiam utilizar o mandado de injunção (também coletivo) para a proteção do respectivo grupo (membros ou associados). O art. 12 da Lei nº 13.300/16 agora traz regra expressa e específica quanto aos legitimados ativos e abrange os seguintes sujeitos: (a) Ministério Público; (b) partidos políticos com representação no Congresso Nacional; (c) organização sindical, entidade de classe ou associação legalmente constituída e em funcionamento há pelo menos um ano; (d) Defensoria Pública.

> Art. 12. O mandado de injunção coletivo pode ser promovido:
>
> I – pelo Ministério Público, quando a tutela requerida for especialmente relevante para a defesa da ordem jurídica, do regime democrático ou dos interesses sociais ou individuais indisponíveis;
>
> II – por partido político com representação no Congresso Nacional, para assegurar o exercício de direitos, liberdades e prerrogativas de seus integrantes ou relacionados com a finalidade partidária;
>
> III – por organização sindical, entidade de classe ou associação legalmente constituída e em funcionamento há pelo menos 1 (um) ano, para assegurar o exercício de direitos, liberdades e prerrogativas em favor da totalidade ou de parte de seus membros ou associados, na forma de seus estatutos e desde que pertinentes a suas finalidades, dispensada, para tanto, autorização especial;
>
> IV – pela Defensoria Pública, quando a tutela requerida for especialmente relevante para a promoção dos direitos humanos e a defesa dos direitos individuais e coletivos dos necessitados, na forma do inciso LXXIV do art. 5º da Constituição Federal.
>
> Parágrafo único. Os direitos, as liberdades e as prerrogativas protegidos por mandado de injunção coletivo são os pertencentes, indistintamente, a uma coletividade indeterminada de pessoas ou determinada por grupo, classe ou categoria.

- **Atenção!** Diferente de outras ações coletivas, não estão incluídos no rol dos legitimados ativos as pessoas jurídicas de direito público. Essa

[216] MI 361, Relator Min. Néri da Silveira, Relator p/Acórdão: Min. Sepúlveda Pertence, Tribunal Pleno, julgado em 08/04/1994.

ausência é justificada porque "ou o legitimado seria o próprio órgão omisso, o que não tem qualquer sentido lógico; ou seria outro órgão, o que criaria um indesejável e dispensável conflito entre órgãos públicos com a intermediação do Poder Judiciário".[217]

Após o advento da Lei nº 13.300/16, a legitimidade ativa do mandado de injunção coletivo não pode mais ser equiparada à legitimidade ativa do mandado de segurança coletivo. Confira-se, aliás, o seguinte quadro ilustrativo:

Legitimidade ativa	
Mandado de segurança coletivo	*Mandado de injunção coletivo*
Partidos políticos com representação no Congresso Nacional.	Partido político com representação no Congresso Nacional.
Organização sindical, entidade de classe ou associação legalmente constituída e em funcionamento há pelo menos 1 (um) ano.	Organização sindical, entidade de classe ou associação legalmente constituída e em funcionamento há pelo menos 1 (um) ano.
x	Ministério Público, quando a tutela requerida for especialmente relevante para a defesa da ordem jurídica, do regime democrático ou dos interesses sociais ou individuais indisponíveis.
x	Defensoria Pública, quando a tutela requerida for especialmente relevante para a promoção dos direitos humanos e a defesa dos direitos individuais e coletivos dos necessitados.

Em prestígio à tutela coletiva de direitos, a Lei nº 13.300/16 inclui no rol dos legitimados ativos o Ministério Público, quando a tutela requerida for especialmente relevante para a defesa da ordem jurídica, do regime democrático ou dos interesses sociais ou individuais indisponíveis, e a Defensoria Pública, quando a tutela requerida for especialmente relevante para a promoção dos direitos humanos e a defesa dos direitos individuais e coletivos dos necessitados. Ambas as instituições, portanto, deverão demonstrar a pertinência temática na impetração do *writ*.

Por fim, discute-se na doutrina sobre a extensão dos sujeitos que possuem legitimidade para impetrar mandado de injunção coletivo.

[217] NEVES, Daniel Amorim Assumpção. *Ações constitucionais*. 3. ed. Salvador: Juspodivm, 2017, p. 138.

Há corrente doutrinária no sentido de que se trata de um rol meramente exemplificativo, já que, diferente do mandado de segurança coletivo, não há previsão constitucional expressa indicando quais os legitimados.[218] Mas também há posição no sentido de que o rol é taxativo, já que, embora não previsto no texto constitucional, consta na própria Lei nº 13.300/16, além do que, como se trata de substituição processual, depende de indicação legal expressa.

Quanto ao objeto da impetração, o mandado de segurança coletivo protege os direitos e as liberdades "pertencentes, indistintamente, a uma coletividade indeterminada de pessoas ou determinada por grupo, classe ou categoria" (art. 12, parágrafo único, Lei nº 13.300/16). A previsão legal não traz plena segurança quanto às espécies de direitos coletivos que são tuteladas, notadamente pela desarmonia conceitual em face das definições empregadas no âmbito da tutela coletiva em geral (art. 81, CDC). Essa inconsistência leva a doutrina a defender[219] que o mandado de injunção coletivo protege direitos difusos, direitos coletivos e direitos individuais homogêneos, o que revela nova diferença se comparado com o mandado de segurança coletivo.

Quanto aos efeitos da coisa julgada, dispõe o art. 13, da Lei nº 13.300/16, que a sentença fará coisa julgada "limitadamente aos membros do grupo ou categoria substituídos pelo impetrante", mas sem prejuízo da aplicação do art. 9º, §§ 1º e 2º. Assim, como regra, a coisa julgada material irá recair sobre os sujeitos que integram o grupo ou a categoria substituídos, ainda que esses sujeitos não façam parte da relação processual. Todavia, será possível, no mandado de injunção coletivo, a ampliação da extensão subjetiva da decisão tal como ocorre no mandado de injunção individual (eficácia *erga omnes* ou *ultra partes*).

Por derradeiro, e tal como ocorre no mandado de segurança coletivo, o mandado de injunção coletivo não induz litispendência em relação aos individuais, mas os efeitos da coisa julgada não beneficiarão o impetrante que não requerer a desistência da demanda individual no prazo de trinta dias a contar da ciência comprovada da impetração coletiva (art. 13, parágrafo único).

[218] CASTRO, Guilherme de Siqueira; FERREIRA, Olavo Augusto Vianna Alves. *Mandado de injunção*. Salvador: Juspodivm, 2016, p. 148.

[219] Idem, p. 151.

Capítulo 6

Ação popular

1. Conceito

A ação popular é a garantia constitucional atribuída a qualquer cidadão para que possa proteger o patrimônio público compreendido no seu sentido material ou imaterial. A ação popular pode ser considerada uma legítima manifestação processual da soberania popular, já que torna ***qualquer cidadão*** parte legítima na defesa daqueles bens jurídicos pertencentes à sociedade como um todo. Trata-se, portanto, de verdadeiro "direito político fundamental".[220]

Nos termos do texto constitucional, "qualquer cidadão é parte legítima para propor ação popular que vise a anular ato lesivo ao patrimônio público ou de entidade de que o Estado participe, à moralidade administrativa, ao meio ambiente e ao patrimônio histórico e cultural, ficando o autor, salvo comprovada má-fé, isento de custas judiciais e do ônus da sucumbência" (art. 5º, LXXIII, CF/88). Daí se extrai o fundamento de validade constitucional da ação popular e que é detalhado na Lei nº 4.717/65.

No aspecto histórico, a ação popular é considerada uma das mais antigas vias para a tutela coletiva dos direitos. A sua fonte remota "perde-se na história do Direito Romano",[221] já que havia *actio romana* que permitia a proteção da *res publicae*, tais como a *actio pro libertate*, a *actio pro tutela* e a *actio ex lege hostilia*. No sistema brasileiro, seguramente é a mais antiga ação de índole coletiva, já que foi consagrada nos textos constitucionais de 1824 (art. 157), 1934 (art. 113, § 38), 1946 (art. 141, § 38), 1967 (art. 150, § 31) e 1988 (art. 5º, LXXIII).[222]

---

[220] ZAVASCKI, Teori Albino. *Processo coletivo*: tutela de direitos coletivos e tutela coletiva de direitos. 7. ed. São Paulo: Revista dos Tribunais, 2017, p. 85.

[221] SILVA, José Afonso da. *Ação popular constitucional*: doutrina e processo. 2. ed. 2ª tiragem. São Paulo: Malheiros, 2013, p. 17.

[222] Com um panorama constitucional detalhado. Idem, p. 33-42.

2. Cabimento

O objeto da ação popular é o ato da administração que ocasiona lesão ao patrimônio público, à moralidade administrativa, ao meio ambiente, ao patrimônio histórico ou ao patrimônio cultural. Busca-se, assim, a invalidação do ato lesivo com o retorno ao estado anterior, inclusive mediante ressarcimento, caso demonstrado o efetivo prejuízo à coletividade. A demonstração da lesão ao interesse da coletividade tutelado pela ação popular, quando se tratar de ato de administração, justifica também a procedência do pedido veiculado na ação.

O ***primeiro pressuposto*** é que se desafie ato da administração pública. Assim, a ação popular serve para confrontar a atividade da própria administração pública. Compreende-se em sentido abrangente os atos da administração que podem ser confrontados pela ação popular. Vale lembrar que ato da administração é gênero que comporta variadas espécies, como, por exemplo, os atos administrativos e os atos praticados por particulares no interesse da administração. A doutrina tem exigido, por outro lado, que tais atos produzam efeitos concretos para que sejam confrontáveis por ação popular.

Os atos jurisdicionais não estão incluídos nessa definição, já que possuem um sistema específico de impugnação, mediante recursos, ações de impugnação e sucedâneos recursais, sendo que a ação popular não é ação de impugnação de ato com caráter jurisdicional. Mesmo os atos de caráter administrativo praticados por órgão judicial no curso de um processo não são desafiáveis por ação popular já que tais hipóteses admitem correição parcial. É preciso alertar, porém, caso isolado em que o Superior Tribunal de Justiça admitiu a ação popular para impugnar decisão judicial homologatória de acordo.[223]

Os atos normativos também estão excluídos do cabimento da ação popular. Conforme adiantado, não cabe ação popular para desafiar atos que não produzam efeitos concretos. Assim, a ação popular não é um sucedâneo de ações de inconstitucionalidade e não se presta para a invalidação de lei em tese. Essa vedação, todavia, precisa ser compreendida no contexto do controle de constitucionalidade. Embora a ação popular não possa confrontar leis em tese, nada impede a declaração incidental de inconstitucionalidade no bojo de uma ação popular, já que se trata de uma ação típica do controle difuso de

[223] STJ, REsp 536.762/RS, Rel. Ministra Eliana Calmon, 2ª Turma, julgado em 21/06/2005, DJ 15/08/2005, p. 240.

constitucionalidade.[224] Aliás, em caso concreto, o Supremo Tribunal Federal aceitou o manejo de ação popular para discutir ato do Presidente da República que envolvia a demarcação de terras indígenas.[225]

Os atos da administração suscetíveis de ação popular são tanto aqueles decorrentes de uma conduta comissiva como aqueles decorrentes de uma conduta omissiva. Assim, é cabível ação popular para confrontar as omissões do Poder Público que ocasionem algum prejuízo ao patrimônio público.[226]

Os atos políticos, segundo uma parcela da doutrina, também seriam insuscetíveis de controle mediante ação popular.[227] A definição para tais atos, porém, é tormentosa e pouco contribui para o estudo da admissibilidade da ação popular. Idêntico problema surge quando se ramificam os atos administrativos em vinculados e discricionários. De qualquer sorte, há uma prevalência doutrinária e jurisprudencial favorável inclusive ao controle dos atos discricionários, desde que o Poder Judiciário não adentre no espaço reservado pela ordem jurídica à escolha de conveniência e oportunidade conferida à administração pública.

O ***segundo pressuposto*** da ação popular é a lesão ao patrimônio público, à moralidade administrativa, ao meio ambiente, ao patrimô-

---

[224] Aderindo à conclusão de Seabra Fagundes: SILVA, José Afonso da. *Ação popular constitucional*: doutrina e processo. 2. ed. 2ª tiragem. São Paulo: Malheiros, 2013, p. 123.

[225] No julgamento da ação popular que impugnava a demarcação da terra indígena Raposa Serra do Sol, o Supremo Tribunal Federal, definiu diversas condicionantes para disciplinar a mencionada demarcação. Após, em embargos de declaração, a matéria foi delimitada da seguinte forma: (...)"Com o trânsito em julgado do acórdão embargado, todos os processos relacionados à Terra Indígena Raposa Serra do Sol deverão adotar as seguintes premissas como necessárias: (i) são válidos a Portaria/MJ nº 534/2005 e o Decreto Presidencial de 15.04.2005, observadas as condições previstas no acórdão; e (ii) a caracterização da área como terra indígena, para os fins dos arts. 20, XI, e 231, da Constituição torna insubsistentes eventuais pretensões possessórias ou dominiais de particulares, salvo no tocante à indenização por benfeitorias derivadas da ocupação de boa-fé (CF/88, art. 231, § 6º). 3. As chamadas condições ou condicionantes foram consideradas pressupostos para o reconhecimento da validade da demarcação efetuada. Não apenas por decorrerem, em essência, da própria Constituição, mas também pela necessidade de se explicitarem as diretrizes básicas para o exercício do usufruto indígena, de modo a solucionar de forma efetiva as graves controvérsias existentes na região. Nesse sentido, as condições integram o objeto do que foi decidido e fazem coisa julgada material. Isso significa que a sua incidência na Reserva da Raposa Serra do Sol não poderá ser objeto de questionamento em eventuais novos processos. 4. A decisão proferida em ação popular é desprovida de força vinculante, em sentido técnico. Nesses termos, os fundamentos adotados pela Corte não se estendem, de forma automática, a outros processos em que se discuta matéria similar. Sem prejuízo disso, o acórdão embargado ostenta a força moral e persuasiva de uma decisão da mais alta Corte do País, do que decorre um elevado ônus argumentativo nos casos em se cogite da superação de suas razões" (STF, Pet 3388 ED, Relator Min. Roberto Barroso, Tribunal Pleno, julgado em 23/10/2013).

[226] STJ, REsp 889.766/SP, Rel. Ministro Castro Meira, 2ª Turma, julgado em 04/10/2007, DJ 18/10/2007, p. 333

[227] NAGEL, José. Insuscetibilidade de apreciação judicial de ato politico legislativo. *Revista de Informação Legislativa*. Brasília, Senado Federal, n. 115, p. 581-592, jul/set, 1992, p. 584.

nio histórico ou ao patrimônio cultural. A lesividade do ato, portanto, é requisito da ação popular.[228] E assim como se dá em outras ações, a alegação dessa lesão é suficiente para caracterização do seu cabimento, enquanto a efetiva ocorrência de lesão diz respeito ao mérito da ação popular.

O ato lesivo, conforme célebre posição doutrinária, é aquele "que desfalca o erário ou prejudica a Administração, assim como o que ofende bens ou valores artísticos, cívicos, culturais, ambientais ou históricos da comunidade. E essa lesão tanto pode ser efetiva quanto legalmente presumida, visto que a lei regulamentar estabelece casos de presunção de lesividade (art. 4º), para os quais basta a prova da prática do ato naquelas circunstâncias para considerar-se lesivo e nulo de pleno direito".[229] Para aferição dessa lesão, são considerados como patrimônio público "os bens e direitos de valor econômico, artístico, estético, histórico ou turístico" (art. 1º, § 1º). O ato lesivo, pois, é aquele que causa prejuízo ao Poder Público e a proteção abrange tanto os bens materiais como os imateriais.[230]

Alguns atos lesivos são detalhados na própria Lei nº 4.717/65, caso em que bastará a demonstração da prática desses atos para a viabilidade da ação popular. O assunto é detalhado no art. 4º da Lei nº 4.117/65 cuja redação é a seguinte:

> Art. 4º São também nulos os seguintes atos ou contratos, praticados ou celebrados por quaisquer das pessoas ou entidades referidas no art. 1º.
>
> I – A admissão ao serviço público remunerado, com desobediência, quanto às condições de habilitação, das normas legais, regulamentares ou constantes de instruções gerais.
>
> II – A operação bancária ou de crédito real, quando:
>
> a) for realizada com desobediência a normas legais, regulamentares, estatutárias, regimentais ou internas;
>
> b) o valor real do bem dado em hipoteca ou penhor for inferior ao constante de escritura, contrato ou avaliação.
>
> III – A empreitada, a tarefa e a concessão do serviço público, quando:
>
> a) o respectivo contrato houver sido celebrado sem prévia concorrência pública ou administrativa, sem que essa condição seja estabelecida em lei, regulamento ou norma geral;

---

[228] ZAVASCKI, Teori Albino. *Processo coletivo*: tutela de direitos coletivos e tutela coletiva de direitos. 7. ed. São Paulo: Revista dos Tribunais, 2017, p. 87.

[229] MEIRELLES, Hely Lopes. *Mandado de segurança*: ação popular, ação civil pública, mandado de injunção, habeas data. 13ª ed. São Paulo: Revista dos Tribunais, 1989, p. 91.

[230] NEVES, Daniel Amorim Assumpção. *Ações constitucionais*. 3. ed. Salvador: Juspodivm, 2017, p. 298.

b) no edital de concorrência forem incluídas cláusulas ou condições, que comprometam o seu caráter competitivo;

c) a concorrência administrativa for processada em condições que impliquem na limitação das possibilidades normais de competição.

IV – As modificações ou vantagens, inclusive prorrogações que forem admitidas, em favor do adjudicatário, durante a execução dos contratos de empreitada, tarefa e concessão de serviço público, sem que estejam previstas em lei ou nos respectivos instrumentos;

V – A compra e venda de bens móveis ou imóveis, nos casos em que não cabível concorrência pública ou administrativa, quando:

a) for realizada com desobediência a normas legais, regulamentares, ou constantes de instruções gerais;

b) o preço de compra dos bens for superior ao corrente no mercado, na época da operação;

c) o preço de venda dos bens for inferior ao corrente no mercado, na época da operação.

VI – A concessão de licença de exportação ou importação, qualquer que seja a sua modalidade, quando:

a) houver sido praticada com violação das normas legais e regulamentares ou de instruções e ordens de serviço;

b) resultar em exceção ou privilégio, em favor de exportador ou importador.

VII – A operação de redesconto quando sob qualquer aspecto, inclusive o limite de valor, desobedecer a normas legais, regulamentares ou constantes de instruções gerais.

VIII – O empréstimo concedido pelo Banco Central da República, quando:

a) concedido com desobediência de quaisquer normas legais, regulamentares, regimentais ou constantes de instruções gerias:

b) o valor dos bens dados em garantia, na época da operação, for inferior ao da avaliação.

IX – A emissão, quando efetuada sem observância das normas constitucionais, legais e regulamentadoras que regem a espécie.

Segundo autorizada doutrina, nas hipóteses de ilegalidade expressamente mencionadas no art. 4º da Lei nº 4.717/65, a lesividade seria presumida (presunção *iuris tantum*), bastando a demonstração do ato e da ilegalidade.[231]

O ***terceiro pressuposto*** da ação popular é que haja violação à ordem jurídica no ato objeto de impugnação. Em concepção mais tradicional, havia referência à demonstração de ilegalidade do ato. É prevalente o entendimento de que a ilegalidade ocorre quando

[231] Seguindo esse entendimento: ZAVASCKI, Teori Albino. *Processo coletivo:* tutela de direitos coletivos e tutela coletiva de direitos. 7. ed. São Paulo: Revista dos Tribunais, 2017, p. 87.

presentes os vícios que justificam a nulidade do ato impugnado, isto é, quando houver: (a) incompetência; (b) vício de forma; (c) ilegalidade do objeto; (d) inexistência dos motivos ou; (e) desvio de finalidade (art. 2º). Do catálogo normativo de vícios exposto, é possível concluir que o ato administrativo nulo é considerado como ilegal a justificar o manejo de ação popular. Já o art. 3º da Lei prevê que a existência de outros vícios indicará que os atos lesivos, "serão anuláveis, segundo as prescrições legais, enquanto compatíveis com a natureza deles".

Cumpre alertar que persiste a existência de divergência doutrinária quanto aos requisitos da ação popular.[232] A primeira corrente, mais tradicional e referida linhas atrás, considera os três pressupostos como necessários à ação popular (ato + lesão + ilegalidade).[233] Uma segunda corrente defende que todo ato lesivo representa, também, uma violação à ordem jurídica (ato + lesividade). Para essa posição, que não é majoritária, toda lesividade implica violação à legalidade.

A latere da discussão doutrinária, os tribunais superiores tem considerado que o bem jurídico tutelado afeta diretamente os requisitos da ação popular. Assim, por exemplo, quando se desafia ato da administração que ocasiona lesão à moralidade administrativa, o requisito da violação à ordem jurídica é mais intenso do que o atinente à lesividade. Aliás, segundo o STJ, a ação é cabível nestes casos "ainda que inexista dano material ao patrimônio público" (REsp 774932, STJ). Já quando o ato desafiado ocasiona lesão ao patrimônio público, a existência de efetivo prejuízo afigura-se incontornável.

Por fim, embora normalmente não seja tratado no âmbito dos requisitos para o cabimento da ação popular, cumpre anotar a existência de **prazo** para o exercício do direito de ação e que deve ocorrer em cinco anos (art. 21).[234] Embora haja referência a prazo prescricional, o prazo é de decadência do direito de ação referente a essa garantia

---

[232] Com ampla pesquisa doutrinária, vide: MANCUSO, Rodolfo de Camargo. *Ação popular:* proteção do erário, do patrimônio público, da moralidade administrativa e do meio ambiente. 6. ed. São Paulo: Revista dos Tribunais 2008, p. 119-129.

[233] Assim: "a conclusão a que se chega é, em suma, esta: somente atos ilegítimos e não suscetíveis de convalidação é que podem ser anulados; e somente podem ser anulados por ação popular os atos que, além de ilegítimos, sejam também lesivos aos bens e valores enunciados no inc. LXXIII do art. 5º da Constituição" (ZAVASCKI, Teori Albino. *Processo coletivo:* tutela de direitos coletivos e tutela coletiva de direitos. 7. ed. São Paulo: Revista dos Tribunais, 2017, p. 89). Para Teori Zavascki, contudo, há uma presunção de que os atos ilegais previstos no art. 4º da Lei nº 4717/65 ensejam lesão ao patrimônio público. Além disso, segundo ele, a violação ao princípio da moralidade administrativa, já que este possui caráter normativo, dispensa por completo a demonstração de prejuízo (idem, p. 93).

[234] A decadência do direito à ação popular, em nossa posição, não impede que a pretensão de direito material deduzida seja objeto de alguma outra ação judicial. Não há que se confundir a decadencia do direito à ação popular com a decadência do direito material que é discutível na ação popular.

constitucional em sentido similar ao prazo para a impetração do mandado de segurança.[235] A jurisprudência do Superior Tribunal de Justiça chegou, inclusive, a aplicar o prazo em questão para as ações coletivas em geral pelo fato de não existir previsão semelhante na Lei da Ação Civil Pública. Mais recentemente, contudo, prevaleceu que o prazo de cinco anos é inaplicável para as ações coletivas de consumo.[236]

3. Legitimidade

A legitimidade ativa para a propositura da ação popular foi indicada pelo próprio texto constitucional ao prever que "qualquer cidadão" poderia ajuizar a demanda na defesa do patrimônio público, da moralidade administrativa, do meio ambiente, do patrimônio histórico ou do patrimônio cultural (art. 5º, LXXIII, CF/88).

Sobre a extensão do conceito de cidadão para fins de ajuizamento da ação popular, existem duas correntes. A primeira defende que a legitimidade ativa foi atribuída ao "cidadão em sentido estrito", isto é, a pessoa natural brasileira e no pleno gozo dos direitos políticos.[237] A previsão legal indica ser nesse sentido, já que "a prova da cidadania, para ingresso em juízo, será feita com o título eleitoral, ou com documento que a ele corresponda" (art. 1º, § 3º). A segunda corrente defende que, se não há restrição constitucional à legitimidade ativa da ação popular, é preciso compreender a cidadania em sentido amplo, bastando que se trate de pessoa natural e mesmo que não esteja no gozo dos seus direitos políticos. Lamentavelmente, ainda é majoritária a primeira corrente a indicar que a legitimidade ativa da ação popular é restrita àqueles que estejam no gozo dos seus direitos políticos. Essa concepção, porém, enfraquece a aptidão de engajamento do sujeito na construção de uma sociedade efetivamente democrática.

A legitimidade ativa se dá por substituição processual decorrente de autorização constitucional. Assim, ao ajuizar a ação popular, o

[235] MANCUSO, Rodolfo de Camargo. *Ação popular*: proteção do erário, do patrimônio público, da moralidade administrativa e do meio ambiente. 6. ed. São Paulo: Revista dos Tribunais 2008, p. 426. Há, porém, divergência da doutrina, pois alguns entendem que esse prazo também é prescricional em face da relação jurídica de direito material que é controvertida. Com essa posição, mais recentemente: NEVES, Daniel Amorim Assumpção. *Ações constitucionais*. 3. ed. Salvador: Juspodivm, 2017, p. 391.

[236] STJ, REsp 1.736.091-PE, Rel. Min. Nancy Andrighi, Terceira Turma, por unanimidade, julgado em 14/05/2019, DJe 16/05/2019.

[237] MEIRELLES, Hely Lopes. *Mandado de segurança*: ação popular, ação civil pública, mandado de injunção, habeas data. 13ª ed. São Paulo: Revista dos Tribunais, 1989, p. 90; SILVA, José Afonso da. *Ação popular constitucional*: doutrina e processo. 2. ed. 2ª tiragem. São Paulo: Malheiros, 2013, p. 157-159.

cidadão não está buscando a defesa de direito seu, mas sim a defesa de direito da coletividade. Trata-se, pois, de hipótese em que o indivíduo poderá defender direito difuso.

Dessas considerações é possível concluir que não possuem legitimidade para ajuizar ação popular as pessoas jurídicas (Súmula 365), os estrangeiros e os inalistáveis. Em relação aos portugueses, se estiverem no gozo dos direitos civis e políticos brasileiros em razão de reciprocidade, poderão se valer da ação popular.[238]

O Ministério Público não é parte legítima para o ajuizamento de ação popular por ausência de previsão legal específica, muito embora acompanhe o processo (art. 6º, § 4º). Não significa dizer que o *parquet* não possa buscar a defesa do patrimônio público. Só não o fará, ao menos de forma inicial, através de ação popular. De fato, a ação por excelência conferida ao MP é a ação civil pública. E embora não seja legitimado para dar início à ação popular, o Ministério Público pode vir a assumir o polo ativo da demanda. Essa situação excepcional ocorre quando o autor originário desistir da ação ou der motivo à "absolvição da instância" (i. é, sentença terminativa por abandono da causa[239]) e não surgirem outros cidadãos interessados em figurar no polo ativo após o prazo de noventa dias da publicação de editais específicos para tanto (art. 9º). Nesta hipótese, haverá legitimação ativa superveniente do Ministério Público.

Ainda em relação à legitimidade ativa, há previsão legal no sentido de que "é facultado a qualquer cidadão habilitar-se como litisconsorte ou assistente do autor da ação popular" (art. 6º, § 5º). Trata-se, pois, de ingresso de sujeito processual em momento posterior ao ajuizamento da ação. Quando o cidadão se habilitar como litisconsorte, haverá litisconsórcio ativo ulterior facultativo e quando houver a habilitação como assistente, haverá assistência litisconsorcial.[240]

A legitimidade passiva da ação popular é atribuída à Administração Pública em geral, o que abrange tanto as pessoas jurídicas de direito público como as pessoas jurídicas de direito privado que, de algum modo, administrem verbas públicas. Daí se extrai a obrigatória presença, no polo passivo, da pessoa jurídica que deu causa ao ato

---

[238] NOVELINO, Marcelo. *Curso de Direito Constitucional*. 13. ed. Salvador: Juspodivm, 2018, p. 504.

[239] A expressa era prevista no art. 201 do CPC/39 e não é mais adotada no CPC atual. Segundo o STJ, deve ser compreendida como sentença terminativa por abandono nos termos do art. 485, II e III do CPC (STJ, REsp 638.011/RJ, Rel. Ministro Luiz Fux, 1ª Turma, julgado em 25/04/2006, DJ 18/05/2006, p. 182).

[240] NEVES, Daniel Amorim Assumpção. *Ações constitucionais*. 3. ed. Salvador: Juspodivm, 2017, p. 311.

impugnado pela ação popular.[241] Apesar da complexa estrutura administrativa brasileira, os tribunais têm conferido uma interpretação generosa para o dispositivo legal que cuida do tema (art. 6º, Lei nº 4717/65), incluindo, por exemplo, agências executivas, agências reguladoras, organizações sociais, organizações da sociedade de interesse público e até empresa binacional.

A legitimidade passiva também abrange as autoridades, funcionários ou administradores que houverem autorizado, aprovado, ratificado ou praticado o ato impugnado, ou que, por omissas, tiverem dado oportunidade à lesão (art. 6º, *caput*). Daí se verifica que a ação popular pode ser ajuizada em face das pessoas naturais que tenha concorrido para a prática do ato (v. g., os sujeitos ocupantes de cargos ou funções públicas). Ademais, também é legitimado passivo o beneficiário direto do ato lesivo discutido na ação e, naturalmente, se não houver benefício direto do ato lesivo, ou se for ele indeterminado ou desconhecido, a ação será proposta somente contra os demais sujeitos (art. 6º, § 1º). Não raros serão os casos de litisconsórcio passivo no âmbito da ação popular.

A diferença entre beneficiário direto e beneficiário indireto ou reflexo foi assim explicada por autorizada doutrina: "Uma empresa que, contratando sem licitação com o Poder Público, aliena bens em valores muito acima dos de mercado, certamente é beneficiária direta do ato ilegal, considerando-se que teve um lucro indevido à custa de uma ilegalidade. O diretor responsável pela falcatrua, que recebeu uma comissão em razão da fraudulenta alienação, também é beneficiário direto e deve compor o polo passivo da ação popular. Os sujeitos que se valem dos bens adquiridos no dia a dia, ainda que possam ter sido beneficiados com a aquisição de tais bens pelo poder público, são somente beneficiários reflexos, não havendo, com relação a eles, a vinculação direta à ilegalidade a ponto de lhes conferir legitimidade passiva para compor o polo passivo da ação popular".[242]

- **Legitimação bifronte da Administração Pública**: a ação popular, como visto, depende da postura do cidadão, único legitimado ativo para dar início à demanda. Todavia, há previsão legal no sentido de que a pessoa jurídica de direito público ou de direito privado, cujo ato seja objeto de impugnação, poderá deixar de contestar ou, até mesmo, "atuar ao lado do autor, desde que isso se afigure útil ao interesse público, a juízo do respectivo representante legal ou dirigente" (art. 6º, § 3º). Essa esta-

[241] NOVELINO, Marcelo. *Curso de Direito Constitucional*. 13. ed. Salvador: Juspodivm, 2018, p. 505.

[242] NEVES, Daniel Amorim Assumpção. *Ações constitucionais*. 3. ed. Salvador: Juspodivm, 2017, p. 315.

belece uma legitimação bifronte da administração que poderá figurar tanto no polo passivo da demanda como, em momento posterior, no polo ativa. Trata-se de uma peculiar legitimidade ativa superveniente em que o sujeito inicia em um dos polos e migra para o outro polo da demanda. A razão de ser da previsão legal em comento reside na finalidade da ação popular. Como ela é voltada para a tutela do patrimônio público, é possível que haja a concordância da administração quanto à necessidade de proteção desse bem jurídico. Houve, porém, uma escolha do direito positivo em franquear a mudança da posição do sujeito passivo ao invés de estabelecer a mera possibilidade de reconhecimento da procedência do pedido, o que é visto com bons olhos pela doutrina.[243] Quanto ao momento, é entendimento dos tribunais superiores que a inversão de polo deve ser requerida no prazo da contestação.[244]

4. Competência

A definição da competência, na ação popular, possui como critério norteador a origem do ato lesivo impugnado, de acordo com a organização judiciária de cada Estado, nos termos do art. 5º, *caput*, da Lei nº 4.717/65. Normalmente, essa competência é atribuída ao juízo de primeiro grau de jurisdição,[245] porquanto não são aplicáveis as regras atinentes ao foro por prerrogativa de função. Dito de outro modo, na ação popular a competência não é *ratione personae*.[246]

As regras gerais para definição da competência também são aplicáveis. Como legislação específica pouco aprofunda a matéria, é no Código de Processo Civil que estarão as principais regras de competência. Em síntese, é preciso identificar se há alguma regra que atrai a causa para os tribunais superiores; não havendo, verifica-se se a competência é da Justiça Especial (Eleitoral, Trabalhista ou Militar) ou da Justiça Comum (Estadual ou Federal); após, apura-se a presença de alguma regra de atração para a Justiça Federal, sendo que a Justiça Estadual tem caráter residual; na sequência, aprecia-se a instância de julgamento (primeiro grau ou segundo grau); por fim, identificam-se as regras de localidade (foro) e de juízo.

---

243 NEVES, Daniel Amorim Assumpção. *Ações constitucionais*. 3. ed. Salvador: Juspodivm, 2017, p. 317.

244 STJ, AgRg no REsp 973.905/SP, Rel. Ministro Humberto Martins, 2ª Turma, julgado em 04/06/2009, DJe 25/06/2009.

245 STF, AO 859 QO, Relatora Min. Ellen Gracie, Relator p/ Acórdão: Min. Maurício Corrêa, Tribunal Pleno, julgado em 11/10/2001.

246 NEVES, op. loc. cit., p. 329. Contra: MANCUSO, Rodolfo de Camargo. *Ação popular*: proteção do erário, do patrimônio público, da moralidade administrativa e do meio ambiente. 6. ed. São Paulo: Revista dos Tribunais 2008, p. 252.

A competência será do Supremo Tribunal Federal quando presente algumas das hipótese para a sua competência originária. É o que ocorre, por exemplo, na ação em que todos os membros da magistratura sejam direta ou indiretamente interessados ou quando mais da metade dos membros do tribunal de origem estejam impedidos ou sejam direta ou indiretamente interessados na causa (art. 102, I, *n*, CF/88)[247] ou, ainda, quando a causa envolver conflito entre "a União e os Estados, a União e o Distrito Federal, ou entre uns e outros, inclusive as respectivas entidades da administração indireta" (art. 102, I, *f*, CF/88).[248]

A presença de alguma pessoa jurídica federal ou de interesse direto da União irá afetar a competência para julgamento da ação popular. Nestes casos, a competência será da Justiça Federal. Essa constatação decorre da própria Constituição (art. 109, CF/88), embora haja algum detalhamento infraconstitucional (art. 5º, §§ 1º e 2º).

Quanto à localidade em que deve ser ajuizada a ação popular, não há regra específica na Lei nº 4.717/65 que detalhe a competência territorial. Na doutrina, existem duas correntes. A primeira corrente defende que deve ser aplicado o microssistema de tutela coletiva de modo a incidir a regra do art. 2º da LACP. Caso se adote esse entendimento, a ação deve ser proposta no foro do local onde ocorrer o dano, cujo juízo terá competência funcional para processar e julgar a causa. Trata-se, pois, de competência absoluta.[249] A segunda corrente defende a aplicação das regras gerais do CPC. Caso se adote esse entendimento, haverá um amplo feixe de regras aplicáveis. Como se trata de ação contra a Fazenda Pública, a ação poderá ser proposta no foro de domicílio do autor, no de ocorrência do ato ou fato que originou a demanda, no de situação da coisa ou na capital (arts. 51-52, CPC). Trata-se, pois, de foros concorrentes e competência relativa. Há, portanto, significativas repercussões práticas na adoção de cada uma dessas posições. Cumpre alertar que, embora polarizado o debate, o Superior Tribunal de Justiça já adotou a segunda corrente.[250]

---

[247] STF, ACO 622 QO, Relator Min. Ilmar Galvão, Relator p/ Acórdão: Min. Ricardo Lewandowski, Tribunal Pleno, julgado em 07/11/2007.

[248] STF, Pet 3674 QO, Relator Min. Sepúlveda Pertence, Tribunal Pleno, julgado em 04/10/2006.

[249] NEVES, Daniel Amorim Assumpção. *Ações constitucionais*. 3. ed. Salvador: Juspodivm, 2017, p. 331.

[250] STJ, CC 107.109/RJ, Rel. Ministro Castro Meira, Primeira Seção, julgado em 24/02/2010, DJe 18/03/2010; CC 39.595/DF, Rel. Ministro Castro Meira, Primeira Seção, julgado em 18/10/2004, DJ 09/02/2005, p. 182; CC 1.071/DF, Rel. Ministro Carlos Velloso, Primeira Seção, julgado em 24/04/1990, DJ 28/05/1990, p. 4718.

5. Procedimento

A ação popular, sob o aspecto procedimental, é considerada de cognição plena e exauriente. Não há a mesma aceleração previstas em outras ações constitucionais. Pelo contrário, a apuração de ato lesivo ao patrimônio público exige que o processo esteja revestido de amplas garantias processuais e adequada instrução probatória. Por esse motivo, é aplicável o procedimento comum com as adaptações descritas na Lei nº 4.717/65[251] e que serão tratadas a seguir.

5.1. Petição inicial

A petição inicial não é detalhada na Lei nº 4.717/65. Assim, aplica-se integralmente o regime jurídico do Código de Processo Civil (arts. 319-320, CPC). Normalmente, haverá a cumulação de pedidos declaratório e condenatório. O primeiro busca o reconhecimento judicial quanto à existência de algum ato lesivo e o segundo busca o ressarcimento dos prejuízos ou o desfazimento de atos que tenham sido prejudiciais. Vale lembrar, também, que a prova da cidadania é feita através do título eleitoral e que, portanto, é documento indispensável para a propositura da ação.[252] Não há necessidade de adiantar custas, pois serão pagas ao final pelo vencido (art. 10).

- **Gratuidade**: o texto constitucional prevê que o autor da ação popular é isento de custas e dos ônus da sucumbência, salvo comprovada má-fé (art. 5º, LXXIII).

5.2. Posturas do juiz

Ao apreciar a petição inicial, podem ser adotadas todas as providências previstas no âmbito do procedimento comum, tais como a ordem de emenda da peça, o indeferimento imediato, o julgamento de improcedência liminar etc. Além disso, ao despachar a inicial, caberá ao magistrado determinar a citação da parte contrária e a intimação do Ministério Público (art. 7º, I, *a*). É possível, ainda, determinar a requisição de documentos necessários e que tenham sido referidos pela parte autora ou outros que considere necessários para o esclarecimento dos fatos (art. 7º, I, *b*).

---

[251] ZAVASCKI, Teori Albino. *Processo coletivo*: tutela de direitos coletivos e tutela coletiva de direitos. 7. ed. São Paulo: Revista dos Tribunais, 2017, p. 97.

[252] NEVES, Daniel Amorim Assumpção. *Ações constitucionais*. 3. ed. Salvador: Juspodivm, 2017, p., p. 336.

Quando houver requisição de documentos pelo órgão judicial, medida que é classificada pela doutrina como verdadeira "exibição incidental",[253] deverá ser fixado prazo de quinze a trinta dias para o atendimento da ordem (art. 7º, I, *b*). Esse prazo conta-se "do dia em que entregue, sob recibo, o requerimento do interessado ou o ofício de requisição" (art. 8º, parágrafo único). Se a autoridade deixar de prestar as informações e ou fornecer os documentos, salvo motivo justificado, estará inclusive sujeita à pena de desobediência (art. 8º).

5.3. *Tutela provisória*

Não há regramento específico sobre tutelas provisórias na Lei nº 4.717/65, mas há autorização para a "suspensão liminar do ato lesivo impugnado" (art. 5º, § 4º). Como a ação popular é ajuizada, na grande maioria dos casos, contra pessoa jurídica de direito público e ou integrante da administração pública, é aplicável o regime jurídico das tutelas provisórias em face do Poder Público, com as questionáveis restrições que lhe são inerentes. Aplica-se, pois, a Lei nº 8.437/92 e a Lei nº 9.494/97, além da vedação indicada na Lei nº 12.016/09. Admite-se, em ação popular, a figura da suspensão de segurança.[254]

5.4. *Posturas do réu*

A citação do réu observa o regramento geral do CPC. De fato, embora haja previsão legal no sentido que o autor, se preferir, pode requerer que a citação seja feita por edital, com prazo de trinta dias e publicação gratuita no Diário Oficial (art. 7º, II), é entendimento praticamente unânime de que a citação por edital deve ser excepcional e apenas cabível nas hipóteses tratadas no diploma processual (citar artigo).

A principal postura do réu neste momento é a contestação. O prazo para contestar é de vinte dias e, a requerimento do interessado, se particularmente difícil a produção de prova documental, é possível requerer a prorrogação por mais vinte dias (art. 7º, IV). Caso haja vários réus, a prorrogação deferida aproveita a todos, pois o prazo é comum.

---

[253] NEVES, Daniel Amorim Assumpção. *Ações constitucionais*. 3. ed. Salvador: Juspodivm, 2017, p. 338.

[254] MANCUSO, Rodolfo de Camargo. *Ação popular:* proteção do erário, do patrimônio público, da moralidade administrativa e do meio ambiente. 6. ed. São Paulo: Revista dos Tribunais 2008, p. 275.

Na contestação, podem ser apresentadas todas as defesas processuais e de mérito. Diante das inovações trazidas pelo CPC atual, também devem ser alegadas as matérias que anteriormente dependiam de exceções autuadas em apartado. Assim, por exemplo, a alegação de incompetência deve ser versada como preliminar da contestação.

Não há previsão legal específica acerca da possibilidade de reconvenção em ação popular. O STJ já teve a oportunidade de afastar o cabimento de reconvenção neste caso sob o argumento de que o autor da ação atua com legitimação extraordinária e não poderia ser demandado, em reconvenção, pois haveria legitimação ordinária (o autor teria que defender interesse próprio em nome próprio na reconvenção quando, na ação, ele defende interesse alheio em nome próprio).[255] Trata-se, porém, de decisão anterior ao diploma processual atual e que passou a permitir a reconvenção em face de outros sujeitos que não figuram no processo. A matéria, portanto, ainda exigirá reflexão da doutrina.[256]

A ausência de contestação, no procedimento comum, ocasiona a revelia. Como não há regra específica sobre o assunto, é prevalente o entendimento de que aplica-se a revelia na ação popular. Entretanto, para aqueles que defendem que não há revelia em face da Fazenda Pública em razão da indisponibilidade do interesse público, a mesma conclusão é aplicável à ação popular.

5.5. *Ministério Público*

O Ministério Público irá atuar na ação popular como fiscal da ordem jurídica já que não é parte (art. 6º, § 4º). E embora a legislação indique poucas providências que podem ser adotadas pelo *parquet*, como a possibilidade de requisições, é assente que também poderá requerer a produção das provas que entender necessárias.[257] De fato, enquanto fiscal, é do interesse do Ministério Público o esclarecimento adequado dos fatos.[258]

---

[255] STJ, REsp 72.065/RS, Rel. Ministro Castro Meira, Segunda Turma, julgado em 03/08/2004, DJ 06/09/2004, p. 185.

[256] Não raro a ação popular pode ser utilizada com má-fé para propositalmente prejudicar algum agente público que, em princípio, poderia tentar utilizar a reconvenção para postular inclusive danos materiais e morais em razão da alegação indevida. Caso não se aceite a reconvenção, deverá ajuizar ação autônoma.

[257] STJ, AgRg no REsp 1333168/RJ, Rel. Ministro Mauro Campbell Marques, Segunda Turma, julgado em 05/12/2013, DJe 11/12/2013.

[258] NEVES, Daniel Amorim Assumpção. *Ações constitucionais*. 3. ed. Salvador: Juspodivm, 2017, p. 323.

5.6. *Instrução*

Após as posturas do réu e manifestação do Ministério Público, o processo tem seguimento com as fases de saneamento e de instrução. Uma vez mais, aplica-se o regramento do procedimento comum e as suas disposições atinentes às providências preliminares, inclusive quanto à decisão de saneamento. Apesar de ser uma lei bastante antiga, há previsão no sentido de que, não havendo requerimento de provas, o juiz intima as partes para alegações no prazo de dez dias e profere sentença (art. 7º, IV e V). Trata-se de uma aceleração procedimental que é compatível com o regramento vigente.

Após o saneamento, havendo a necessidade de dilação probatória, o processo continua com a fase de instrução. Para tanto, poderá ser realizada audiência de instrução ou mesmo realizadas outras provas.

5.7. *Sentença*

A sentença da ação popular pode ser proferida de forma oral dentro de quinze dias do recebimento dos autos conclusos para tanto (art. 7º, VI). Trata-se de prazo menor do que o regramento geral (art. 226, III, CPC). O atraso injustificado atrai as providências do art. 235 do CPC e ainda é causa de impedimento para que o magistrado figure em lista de promoção por merecimento (art. 7º, parágrafo único).

A sentença, quanto ao conteúdo, poderá ser terminativa ou definitiva. É dizer, admite-se tanto o julgamento sem exame do mérito como o julgamento com exame de mérito. Obviamente, espera-se que ocorra a segunda alternativa.

A sentença de procedência pode assumir variadas feições a depender dos pedidos e do objeto da ação popular. Não é ocioso lembrar que a ação discute algum ato da administração que ocasiona lesão ao patrimônio público, à moralidade administrativa, ao meio ambiente, ao patrimônio histórico ou ao patrimônio cultural, e a sentença de procedência tem a precípua finalidade de invalidar ato lesivo com o retorno ao estado anterior, inclusive mediante ressarcimento, caso demonstrado o efetivo prejuízo à coletividade. Em razão disso, como regra, a sentença terá acentuada carga desconstitutiva (na invalidação do ato) e condenatória (no ressarcimento do prejuízo).

A condenação em perdas e danos, na procedência do pedido, tem respaldo no art. 11 da Lei nº 4.717/65. O dispositivo legal prevê que a sentença "condenará ao pagamento de perdas e danos os responsáveis pela sua prática e os beneficiários dele, ressalvada a ação regressiva contra os funcionários causadores de dano, quando incorrerem em culpa". Em razão desse artigo, a doutrina majoritária compreende que a pretensão ressarcitória, mesmo quando não veiculada, enseja pedido implícito da ação popular.[259] Assim, se o autor, na petição inicial postula apenas a invalidação do ato, o magistrado poderá também condenar o réu à reparação do patrimônio público lesado.[260]

Admite-se que seja proferida sentença ilíquida. Assim, se apuração econômica do prejuízo depender de dilação probatória, como avaliação ou perícia, o órgão judicial poderá apenas reconhecer a ocorrência do prejuízo e diferir para a fase de liquidação a determinação do *quantum debeatur* (art. 14). Caso todos esses elementos já estejam presentes nos autos, a providência mais adequada é que seja proferida sentença líquida, isto é, reconhecendo a existência de prejuízo e indicando expressamente o valor do dano.

A sentença ainda deverá incluir, na condenação, "o pagamento, ao autor, das custas e demais despesas, judiciais e extrajudiciais, diretamente relacionadas com a ação e comprovadas, bem como o dos honorários de advogado" (art. 12). Em razão da gratuidade constitucional da ação popular, o entendimento doutrinário majoritário é no sentido de que a sentença terminativa e a sentença de improcedência dispensam condenação em custas e honorários, salvo comprovada má-fé do autor (art. 5º, LXXIII).

5.8. Recursos e impugnações

As decisões interlocutórias proferidas em ação popular podem ser desafiados por agravo de instrumento (art. 19, § 1º). Trata-se de previsão específica e que torna dispensável o exame da espécie de decisão exigido pelo art. 1.015 do CPC.

A sentença se sujeita a reexame obrigatório quando concluir pela carência ou pela improcedência, não produzindo efeitos senão depois de confirmada pelo tribunal (art. 19). Trata-se de previsão específica e que afasta o regramento geral (art. 496, CPC), muito embora haja corrente minoritária no sentido de que, mesmo diante dessa previsão, deveria ser aplicável o Código de Processo Civil. A sentença de

[259] SILVA, José Afonso da. *Ação popular constitucional*: doutrina e processo. 2. ed. 2ª tiragem. São Paulo: Malheiros, 2013, p. 230; MANCUSO, Rodolfo de Camargo. *Ação popular*: proteção do erário, do patrimônio público, da moralidade administrativa e do meio ambiente. 6. ed. São Paulo: Revista dos Tribunais 2008, p. 335.

[260] STJ, REsp 439.051/RO, Rel. Ministro Teori Albino Zavascki, Primeira Turma, julgado em 14/12/2004, DJ 01/02/2005, p. 407.

procedência não está sujeita à remessa necessária, o que deixa claro que, na ação popular, o reexame protege os interesses da coletividade, e não da administração pública.[261]

A sentença, em qualquer caso, está sujeita a controle por apelação (art. 19, CPC). À míngua de maiores detalhes, aplicam-se as regras gerais sobre a apelação com apenas duas adaptações. A primeira delas diz respeito à legitimidade, pois a lei permite que, além do MP, qualquer cidadão (mesmo que não seja parte) recorra da sentença contrária aos interesses do autor (art. 19, § 2º, CPC). A legitimidade recursal, pois, é mais abrangente do que aquela prevista no diploma processual. A segunda adaptação diz respeito ao efeito suspensivo, já que a apelação, na ação popular, tem efeito suspensivo decorrente de previsão legal específica (art. 19, *caput*). No ponto, há divergência sobre a possibilidade de afastar o efeito suspensivo da apelação ante a ausência de uma regra específica nesse sentido na lei de regência. Por outro lado, alguns defendem, com base no microssistema de tutela coletiva, a aplicação do art. 14 da LACP que prevê o efeito suspensivo apenas nas hipóteses em que o magistrado verificar a possibilidade de ocorrer dano irreparável no imediato cumprimento da decisão.[262] O STJ, porém, considera adequada a incidência do art. 19 da LAP, o que justifica o efeito suspensivo automático à apelação.

5.9. Cumprimento

A fase de cumprimento decorrente de uma sentença de procedência da ação popular fica dependente de título executivo judicial que possua liquidez. Assim, caso a sentença seja ilíquida, haverá uma etapa antecedente ao cumprimento destinada a liquidar a obrigação. Embora haja previsão de que a liquidação ocorra com a realização de avaliação ou perícia (art. 14, *caput,*) é pacífico o entendimento de que a liquidação seguirá a regra geral, com a possibilidade de ser desenvolvida por artigos ou através do procedimento comum). É firme o entendimento de que a liquidação pode ser promovida tanto pelo vencedor como pelo vencido.[263] O Ministério Público, como tem legitimidade para executar (art. 16), também tem legitimidade para liquidar.

[261] NEVES, Daniel Amorim Assumpção. *Ações constitucionais*. 3. ed. Salvador: Juspodivm, 2017, p. 358.

[262] Idem, p. 361.

[263] MANCUSO, Rodolfo de Camargo. *Ação popular*: proteção do erário, do patrimônio público, da moralidade administrativa e do meio ambiente. 6. ed. São Paulo: Revista dos Tribunais 2008, p. 414.

O cumprimento da sentença segue as regras gerais presentes na execução civil com a adoção das técnicas executórias necessárias para a obtenção do resultado prático pretendido na ação popular. A tutela executiva pode ser iniciada pela parte autora ou por terceiro (algum outro cidadão) e, decorridos sessenta dias sem manifestação, "o representante do Ministério Público a promoverá nos 30 (trinta) dias seguintes, sob pena de falta grave" (art. 16). Admite-se, também, que o sujeito passivo promova a execução no que lhe beneficiar, isto é, quando puder executar eventuais outros réus (art. 17). Há entendimento doutrinário no sentido de que a pessoa jurídica de direito público, quando ré, não poderia ser condenada à obrigação de pagar ao erário, já que é dele integrante. Nesta hipótese, também não teria legitimidade ativa para a execução.[264]

O art. 14, § 4º, prevê que a parte condenada a restituir bens ou valores ficará sujeita a sequestro e penhora, desde a prolação da sentença condenatória. O dispositivo legal já não se encontra em harmonia com o regramento processual geral e traz pouca utilidade prática. É que a tutela provisória poderá ser deferida a qualquer tempo com a adoção de medidas constritivas do patrimônio da parte. Para conferir uma interpretação mais concretizada da tutela coletiva, parcela da doutrina defende que essa previsão legal permite a adoção de medidas executórias imediatamente após a sentença condenatória e sem a exigência dos pressupostos da tutela provisória.[265]

6. Efeitos (da decisão)

A sentença de procedência, conforme já destacado, pode assumir variadas feições. Porém, a sentença de procedência tem a precípua finalidade de invalidar o ato lesivo com o retorno ao estado anterior, inclusive mediante ressarcimento, caso demonstrado o efetivo prejuízo à coletividade.[266] Em razão disso, como regra, a sentença terá acentuada carga desconstitutiva (na invalidação do ato) e condenatória (no ressarcimento do prejuízo).[267] Estes são os seus principais efeitos.

---

[264] NEVES, Daniel Amorim Assumpção. *Ações constitucionais*. 3. ed. Salvador: Juspodivm, 2017, p. 381.

[265] Idem, p. 383.

[266] ZAVASCKI, Teori Albino. *Processo coletivo*: tutela de direitos coletivos e tutela coletiva de direitos. 7. ed. São Paulo: Revista dos Tribunais, 2017, p. 98.

[267] SILVA, José Afonso da. *Ação popular constitucional*: doutrina e processo. 2. ed. 2ª tiragem. São Paulo: Malheiros, 2013, p. 229.

A autoridade da coisa julgada é tema mais delicado em razão de regras próprias e da controvertida incidência do microssistema de tutela coletiva.

Nos termos do art. 18, a autoridade da coisa julgada será *erga omnes*.[268] Assim, a decisão final de mérito da ação popular abrange toda a coletividade. A previsão está em sintonia com a ideia que o cidadão, quando ajuíza ação popular busca a tutela de um interesse difuso. Aliás, é também compatível com o art. 103, I, do CDC.

A coisa julgada *erga omnes* abrange tanto os casos de procedência como de improcedência. Todavia, quando a ação é julgada improcedente por ausência de provas não haverá formação da coisa julgada material. Neste caso, "qualquer cidadão poderá intentar outra ação com idêntico fundamento, valendo-se de nova prova" (art. 18). Daí se conclui que a formação da coisa julgada, na ação popular, ocorre *secundum eventum probationis*: caso haja elementos de prova suficientes para o julgamento de mérito, se ela favorável ou não à pretensão do autor, haverá formação da coisa julgada material; em sentido oposto, diante da ausência de elementos de prova para o julgamento de mérito, o pedido é julgado improcedente, mas não haverá a formação da coisa julgada em razão da incidência do art. 18.

[268] ZAVASCKI, Teori Albino. *Processo coletivo:* tutela de direitos coletivos e tutela coletiva de direitos. 7. ed. São Paulo: Revista dos Tribunais, 2017, p. 99.

Capítulo 7

Ação civil pública

1. Conceito

A "ação civil pública" é a ação constitucional atribuída ao Ministério Público, à Defensoria Pública, à Fazenda Pública e à associação, desde que constituída a um ano e cuja finalidade institucional tenha pertinência temática com a ação, para a defesa de interesses difusos, coletivos, individuais homogêneos e, excepcionalmente, para direitos individuais indisponíveis. Trata-se de conceito não unânime,[269] já que envolve aspectos controvertidos dessa ação, como a legitimidade e o seu objeto.

A ação civil pública, como se percebe, é vocacionada para a tutela coletiva. Em razão disso, existe divergência sobre a extensão da nomenclatura "ação civil pública". A primeira corrente defende que toda ação civil pública é uma ação coletiva, havendo diferença apenas quanto à legitimidade ativa e que, na ação civil pública, é do Ministério Público.[270] A segunda corrente defende que a ação civil pública é ação coletiva específica para a tutela de interesses difusos e coletivos,[271] mas não os interesses individuais homogêneos, já que não há menção na legislação de regência. A terceira corrente defende que realmente não há identidade entre esses conceitos, já que cada uma é regulada por leis diferentes – a ação civil pública pela Lei nº 7.347/85 e a tutela coletiva pela Lei nº 8.078/90.[272]

Apesar da polêmica, a ação civil pública inegavelmente se insere no contexto da tutela coletiva de direitos e, na atualidade, é segura-

[269] Vide: MANCUSO, Rodolfo de Camargo. *Ação civil pública:* em defesa do meio ambiente, do patrimônio cultural e dos consumidores. 14. ed. São Paulo: Revista dos Tribunais, 2016, p. 25.

[270] MAZZILLI, Hugo Nigro. *A defesa dos interesses difusos em juízo*: meio ambiente, consumidor, patrimônio cultural, patrimônio público e outros interesses. 29. ed. São Paulo: Saraiva, 2016

[271] ZAVASCKI, Teori Albino. *Processo coletivo*: tutela de direitos coletivos e tutela coletiva de direitos. 7. ed. São Paulo: Revista dos Tribunais, 2017, p. 62.

[272] ARRUDA ALVIM, citado por NEVES, Daniel Amorim Assumpção. *Ações constitucionais*. 3. ed. Salvador: Juspodivm, 2017, p. 416.

mente a ação mais utilizada para a defesa desses direitos. Na Constituição, há expressa referência à ação civil pública como instrumento do Ministério Público na defesa do patrimônio público e social, do meio ambiente e de outros interesses difusos e coletivos (art. 129, III, CF/88). Assim, além estar no contexto da tutela coletiva, ela deve ser considerada uma ação constitucional.

O regramento geral da ação é detalhado na Lei nº 7.347/85, e aplicam-se, na defesa de direitos difusos, coletivos e individuais homogêneos, as regras processuais do Código de Defesa do Consumidor (art. 21, Lei nº 7.347/85). Para os adeptos de um microssistema de tutela coletiva, seriam aplicáveis, por extensão, todas as demais normas jurídicas que compõem esse sistema como, por exemplo, a já estudada Lei da Ação Popular.

2. Cabimento

A ação civil pública é cabível para a tutela de interesses difusos e coletivos. Admite-se, também, que seja empregada para a tutela de direitos individuais homogêneos e, excepcionalmente, para direitos individuais indisponíveis. Trata-se, portanto, de um poderoso instrumento de tutela coletiva dos direitos e, excepcionalmente, para a tutela de direitos individuais indisponíveis.

Nesse sentido, o art. 1º da Lei nº 7.345/85 traz os principais direitos cuja violação justifica a responsabilização por dano material ou moral decorrente da ação civil pública. São os seguintes: (a) meio ambiente; (b) consumidor; (c) bens e direitos de valor artístico, estético, histórico, turístico e paisagístico; (d) qualquer interesse difuso ou coletivo; (e) ordem econômica; (f) ordem urbanística; (g) honra e dignidade de grupos raciais, étnicos ou religiosos; (h) patrimônio público e social (art. 1º, Lei nº 7345/85). Essa listagem, entretanto, é meramente exemplificativa.[273]

A ação civil pública não é cabível "para veicular pretensões que envolvam tributos, contribuições previdenciárias, o Fundo de Garantia do Tempo de Serviço – FGTS – ou outros fundos de natureza institucional cujos beneficiários podem ser individualmente determinados" (art. 1º, parágrafo único, incluído pela MP nº 2.180-35/01). Tal como ocorre com outras ações constitucionais, há uma restrição legal no cabimento da medida. Essa vedação, porém, é altamente criticada

[273] MANCUSO, Rodolfo de Camargo. *Ação civil pública*: em defesa do meio ambiente, do patrimônio cultural e dos consumidores. 14. ed. São Paulo: Revista dos Tribunais, 2016, p. 49.

por afastar a tutela coletiva apenas de hipóteses que seriam, em princípio, contrárias ao poder público, violando a isonomia processual.[274] Há, felizmente, uma tendência restritiva dessa vedação, consoante precedentes do STJ que admitiram a ação civil pública para discussão de tarifas públicas (AgRg 1249559).[275]

A corrente majoritária defende que a ação é cabível para a tutela de direitos coletivos de qualquer natureza. Admite-se a ação para interesses difusos, interesses coletivos e interesses individuais homogêneos.[276] A definição dessas figuras jurídicas é explorada com mais detalhes no âmbito do Direito Processual Coletivo e, em síntese, pode ser compreendida da seguinte forma:

(1º) **Direitos difusos**: são aqueles direitos transindividuais, de natureza indivisível, de que sejam titulares pessoas indeterminadas e ligadas por circunstâncias de fato. Eles são transindividuais, porque não há um indivíduo como titular. Na realidade, nesses casos, o titular é a coletividade, representada por sujeitos indeterminados e indetermináveis. Ele é indivisível porque é um direito que não pode ser fracionado entre os membros da coletividade. Assim, a lesão a esse direito atinge a todos de forma indistinta e, de igual modo, a consagração ou reconhecimento desse direito beneficia a todos. Ao conceito afirmar que os titular são pessoas indeterminadas, essa definição desconsidera que, na verdade, o sujeito do direito apenas não é um individuo, mas é determinado sim, e é a coletividade. Por fim, os sujeitos dessa coletividade estão ligados por uma situação de fato, sendo dispensável a existência de alguma relação jurídica entre eles.

(2º) **Direitos coletivos**: são aqueles direitos transindividuais, de natureza indivisível de que seja titular grupo, categoria ou classe de pessoas ligadas entre si ou com a parte contrária por uma relação jurídica base. São transindividuais porque o titular não é um indivíduo. Todavia, neste caso, o titular não é a coletividade, mas sim uma comunidade determinada, um grupo, classe ou categoria de pessoas. Assim como ocorre com os direitos difusos, é indivisível porque é um direito que não pode ser fracionado entre os membros do grupo. A lesão a esse direito atinge a todos do grupo de forma indistinta e, de igual modo, a consagração

274 "Tais alterações foram e são inadequadas e incompreensíveis, permitindo que se avente sua real motivação: a proteção da Administração Pública (mormente a Federal) contra eventuais investidas judiciais com o escopo de ultimar abusos perpetrados a pretexto de reformas da Previdência, da Administração e tributária, em nível constitucional e infraconstitucional, que violam direitos e garantias fundamentais e não encontrarão via de acesso à Justiça para o litigante simplesmente individual" (LEONEL, Ricardo de Barros. *Manual do processo coletivo*. 4. ed. São Paulo: Malheiros, 2017, p. 201).

275 STJ, AgRg no Ag 1249559/RJ, Rel. Ministro Arnaldo Esteves Lima, 1ª Turma, julgado em 15/12/2011, DJe 02/02/2012.

276 Embora alguns defendam a diferença entre "interesses" e "direitos", inclusive para fins didáticos, ambas as expressões são consideradas como sinônimas nas linhas seguintes.

ou reconhecimento desse direito beneficia a todos os membros desse coletivo. Ao conceito afirmar que os titulares são pessoas determinadas integrantes do grupo, ele deixa clara a extensão desse direito: não é um direito de cada indivíduo, mas do grupo como um todo. Assim, são direitos indeterminados, mas determináveis. Por fim, os sujeitos do grupo estão ligados por uma relação jurídica que os reúne (relação jurídica base) e que não se confunde com as relações jurídicas individuais. Normalmente, essa relação surge entre os próprios membros do grupo ou entre o grupo e outros sujeitos

(3º) **Direitos individuais homogêneos**: são aqueles decorrentes de origem comum. Essa definição sucinta traz severas divergências doutrinárias quanto às características dos direitos individuais homogêneos, sendo certo que não são considerados "essencialmente coletivos". A corrente majoritária considera que essa origem comum significa a existência de algum vínculo fático ou jurídico (Kazuo Watanabe). No ponto, a melhor doutrina lembra que, no plano processual, significa a existência de identidade, para os sujeitos, nos elementos que compõem a causa de pedir da ação individual, seja o fundamento de fato ou o fundamento de direito. Trata-se, como se pode perceber, de um liame bastante fácil de surgir na prática, atraindo a existência de propostas doutrinárias para limitar essa modalidade.

Excepcionalmente, a ação civil pública é cabível, para a tutela de direitos individuais indisponíveis. Quer isto dizer que, em situações específicas, até mesmo direitos individuais poderão ser tutelados por essa ação. Exige-se, porém, que sejam indisponíveis. Além disso, como se trata de situação peculiar em que a tutela processual coletiva é utilizada na defesa de um direito material que não é coletivo, será necessário previsão legal expressa nesse sentido. É o que ocorre, por exemplo, com direitos de menores (art. 201, V, ECA) e com direitos de idosos (art. 74, I, Lei nº 10.741/01). Apesar da crítica doutrinária,[277] essa especial tutela processual de direitos indisponíveis tem recebido ampla jurisprudência favorável, mesmo para casos não expressamente indicados por lei, como, por exemplo no acesso a medicamentos ou, até, em favor de deficiente para a obtenção de prótese.[278] Trata-se, contudo, de uma escolha jurisprudencial bastante questionável, já que distancia a ação civil pública do seu autêntico caráter coletivo.

Por fim, conforme já destacado em outros capítulos, o cabimento da ação civil pública exige apenas a alegação de violação ou proteção dos direitos acima tratados, enquanto a efetiva lesão ou ameaça

---

[277] NEVES, Daniel Amorim Assumpção. *Ações constitucionais*. 3. ed. Salvador: Juspodivm, 2017, p. 405.

[278] STJ, REsp 931.513/RS, Rel. Ministro Carlos Fernando Mathias (Juiz Federal convocado do TRF 1ª Região), Rel. p/ Acórdão Ministro Herman Benjamin, Primeira Seção, julgado em 25/11/2009, DJe 27/09/2010.

desses direitos é questão de mérito a ser solucionada no término da relação processual mediante sentença definitiva.

3. Legitimidade

A legitimidade ativa da ação civil pública não é conferida ao titular do direito que será controvertido em juízo.[279] Na realidade, é uma legitimidade atribuída pela ordem jurídica a outros sujeitos determinados. Trata-se, portanto, de um exemplo de legitimação extraordinária em que o autor da ação será substituto processual daquele que seria o titular do direito (o substituído). Não se pode desconsiderar, porém, a existência de polêmica sobre a natureza da legitimação no âmbito da tutela coletiva, tema que desperta reflexão para os estudiosos do processo coletivo desde longa data.[280] Em qualquer caso, o legitimado à ação coletiva não é o titular do direito que irá discutir em juízo.

Alguns defendem, no âmbito da tutela coletiva em geral, a existência uma legitimação específica (nem ordinária e nem extraordinária) relacionada com direitos coletivos. É a denominada "legitimidade autônoma" para a condução do processo coletivo.[281] Seu fundamento estaria na impossibilidade de tutela individual de determinada direito a justificá-la apenas para os direitos essencialmente coletivos. É prevalente, porém, o entendimento de que há legitimação extraordinária, sendo essa a tese adotada pelo Superior Tribunal de Justiça (ver REsp 1482.294).[282]

A legitimidade ativa da ação civil pública é conferida, por lei, aos seguintes sujeitos: (a) Ministério Público; (b) Defensoria Pública; (c) Fazenda Pública; (d) Associação, desde que constituída a um ano e cuja finalidade institucional tenha pertinência temática com a ação.

A legitimidade passiva, por sua vez, é da pessoa que esteja ameaçando ou que tenha lesado o direito perseguido em juízo. Não há,

---

279 ZAVASCKI, Teori Albino. *Processo coletivo*: tutela de direitos coletivos e tutela coletiva de direitos. 7. ed. São Paulo: Revista dos Tribunais, 2017, p. 70.

280 Não é pretensão dessas lições trazem um aprofundamento no que diz respeito a todos os pontos controvertidos da tutela coletiva, mas tão somente delinear os seus matizes à luz do texto constitucional. Especificamente sobre o tema, vide: MOREIRA, José Carlos Barbosa. Tutela jurisdicional dos interesses coletivos ou difusos. In: *Temas de Direito Processual (Terceira Série)*. São Paulo: Saraiva, 1984, p. 198-206.

281 LEONEL, Ricardo de Barros. *Manual do processo coletivo*. 4. ed. São Paulo: Malheiros, 2017, p. 184.

282 STJ, REsp 1482294/CE, Rel. Ministro Ricardo Villas Bôas Cueva, Terceira Turma, julgado em 09/06/2015, DJe 15/06/2015.

portanto, qualquer particularidade, pois se trata de legitimação ordinária passiva.

3.1. *Ministério Público*

O Ministério Público é legitimado por excelência. Entretanto, diante da sua vocação constitucional, a doutrina e a jurisprudência consideram que, em relação a interesses individuais homogêneos, é necessário demonstrar a existência de: (a) algum direito indisponível ou (b) direito indisponível que, por sua importância ou extensão, tenha repercussão social.[283]

3.2. *Associação*

A associação tem legitimidade ativa para buscar a tutela de qualquer direito protegido pela ação civil pública. Ela deve, porém, preencher quatro requisitos: (a) ser devidamente constituída na forma da lei civil; (b) possuir existência jurídica há pelo menos um ano; (c) demonstrar a pertinência temática da ação; (d) possuir autorização expressa de seus associados, ainda que deliberada em assembleia.

O primeiro requisito é preenchido com a regularidade civil de uma associação, isto é, o seu registro perante o Registro Civil das Pessoas Jurídicas (art. 45, CC; arts. 114-119, Lei de Registros Públicos).

O segundo requisito se dá com o mero decurso do tempo. Assim, decorrido um ano da constituição da associação, está cumprido o requisito. Há aqui, dois temas interessantes para debate: (a) caso ajuizada a ação antes do prazo, a superveniência do seu implemento não é mais causa de extinção do processo em razão da teoria da asserção; (b) caso ajuizada antes do prazo, alguns defendem, com base no "microssistema de tutela coletiva", a aplicação do art. 82, § 1º, do CDC, que permite a flexibilização desse requisito quando demonstrado manifesto interesse social evidenciado pela dimensão ou característica do dano, ou pela relevância do bem jurídico a ser protegido.[284] De todo

[283] MANCUSO, Rodolfo de Camargo. *Ação civil pública*: em defesa do meio ambiente, do patrimônio cultural e dos consumidores. 14. ed. São Paulo: Revista dos Tribunais, 2016, p. 155. E ainda: "O Ministério Público está legitimado para promover a tutela coletiva de direitos individuais homogêneos, mesmo de natureza disponível, quando a lesão a tais direitos, visualizada em seu conjunto, em forma coletiva e impessoal, transcender a esfera de interesses puramente particulares, passando a comprometer relevantes interesses sociais" (STJ, REsp 1594024/SP, Rel. Ministro Ricardo Villas Bôas Cueva, Terceira Turma, julgado em 27/11/2018, DJe 05/12/2018).

[284] Favorável: NEVES, Daniel Amorim Assumpção. *Ações constitucionais*. 3. ed. Salvador: Juspodivm, 2017, p. 425.

modo, a Lei é expressa no sentido de que o "requisito da pré-constituição poderá ser dispensado pelo juiz, quando haja manifesto interesse social evidenciado pela dimensão ou característica do dano, ou pela relevância do bem jurídico a ser protegido" (art. 5º, § 4º)

O terceiro requisito é a demonstração da pertinência temática da ação. Desse modo, é necessário que a finalidade institucional da associação tenha relação com o objeto da demanda.[285] Essa relação pode ser identificada de maneira indireta e não precisa ser explícita no respectivo estatuto. Nesse sentido, em caso concreto, o STJ admitiu a legitimidade ativa de associação de bairro para a defesa do meio ambiente quando o estatuto genericamente fazia alusão à qualidade da vida no bairro.[286]

O quarto requisito é a necessidade de autorização expressa dos associados, ainda que deliberada em assembleia, para que seja proposta a ação. Embora não previsto em lei, esse requisito decorre da interpretação feita pelo Supremo Tribunal Federal ao art. 5º, XXI, da CF/88.[287] Segundo esse dispositivo, a legitimidade das associações para "representar" os seus filiados depende de autorização expressa (art. 5º, XXI, CF/88). Ocorre que a representação realmente não se confunde com a substituição. Na representação, a pessoa atua em nome do terceiro para proteger o direito desse terceiro; na substituição, a pessoa atua em nome próprio para proteger o direito de terceiro. Como visto, é esta última que se dá no âmbito da ação civil pública: algumas pessoas receberam a possibilidade de proteger, em nome próprio, direito alheio (substituição processual, isto é, legitimação extraordinária). Assim, a autorização expressa apenas seria requisito para os casos em que a associação *representa* seus associados, e não quando ela *substitui* os associados. Não foi esse, porém, o entendimento do STF, que generalizou a representação processual para a ação civil pública ajuizada por associações, posição que contraditoriamente, não

---

[285] Confiram-se os exemplos de Teori Zavascki: "Às associações culturais cabe tutelar direitos de seus filiados relacionados à cultura (e não a outros, estranhos ao âmbito associativo); às associações esportivas e recreativas, os interesses relacionados com esporte e recreação; às associações de defesa do consumidor, os direitos decorrentes de relações de consumo; às entidades profissionais, os direitos dos seus filiados ligados ao exercício da sua profissão. Quem se filia a associação destinada a pesca submarina não o faz imaginando que a entidade vá tutelar seus direitos relacionados a questões fiscais, ou as suas relações condominiais ou de vizinhança" (ZAVASCKI, Teori Albino. *Processo coletivo*: tutela de direitos coletivos e tutela coletiva de direitos. 7. ed. São Paulo: Revista dos Tribunais, 2017, p. 169).

[286] STJ, REsp 876.931/RJ, Rel. Min. Mauro Campbell Marques, Segunda Turma, julgado em 10/08/2010, DJe 10/09/2010.

[287] STF, RE 573232, Relator Min. Ricardo Lewandowski, Relator p/ Acórdão: Min. Marco Aurélio, Tribunal Pleno, julgado em 14/05/2014

abrange o mandado de segurança coletivo.[288] A doutrina oferta forte resistência ao entendimento e chega a defender sua inaplicabilidade para quaisquer outros direitos que não sejam os individuais homogêneos. Segundo essa proposta, o quarto requisito não seria exigido quando a associação propõe uma ação na defesa de interesses difusos ou coletivos.[289]

- **Cooperativas e legitimação extraordinária**: embora as cooperativas sejam substancialmente diferentes das associações, ambas possuem caráter agregador e representativo a revelar que, muitas vezes, teria a cooperativa interesse em proteger diretamente os seus cooperados via tutela coletiva. Para dissipar as divergências acerca da legitimidade processual das cooperativas, a **Lei nº 13.806/2019** incluiu na Política Nacional de Cooperativismo (Lei nº 5764/71) a possibilidade de a cooperativa ser dotada de "legitimidade extraordinária autônoma concorrente para agir como substituta processual em defesa dos direitos coletivos de seus associados quando a causa de pedir versar sobre atos de interesse direto dos associados que tenham relação com as operações de mercado da cooperativa, desde que isso seja previsto em seu estatuto e haja, de forma expressa, autorização manifestada individualmente pelo associado ou por meio de assembleia geral que delibere sobre a propositura da medida judicial" (art. 88-A, Lei nº 5.764/71).

3.3. Fazenda Pública

A Fazenda Pública possui legitimidade para ajuizar ação civil pública. Essa legitimidade abrange a União, os Estados, o Distrito Federal e os Municípios (Administração Direta). Ela compreende, também autarquias, empresas públicas, fundação ou sociedade de economia mista (Administração Indireta).[290] Trata-se aqui de considerar que as pessoas jurídicas sujeitas a regime publicístico busquem contribuir com a tutela de interesses transindividuais o que, na prática, tem se revelado o oposto. A Fazenda Pública, no Brasil, é o principal réu de ações de natureza coletiva.

---

[288] Segundo o STF, conforme já destacado em outra oportunidade, a autorização expressa dos membros ou associados não é um requisito para conferir legitimação ativa aos sindicados, entidades de classe ou associações no mandado de segurança coletivo, por se tratar de "típica hipótese de substituição processual". STF, RE 210.029, Relator Min. Carlos Velloso, Relator p/ Acórdão: Min. Joaquim Barbosa, Tribunal Pleno, julgado em 12/06/2006. No mesmo sentido: Súmula 629, STF. A impetração de mandado de segurança coletivo por entidade de classe em favor dos associados independe da autorização destes (Sessão Plenária de 24/09/2003).

[289] NEVES, Daniel Amorim Assumpção. *Ações constitucionais*. 3. ed. Salvador: Juspodivm, 2017, p. 434.

[290] MANCUSO, Rodolfo de Camargo. *Ação civil pública*: em defesa do meio ambiente, do patrimônio cultural e dos consumidores. 14. ed. São Paulo: Revista dos Tribunais, 2016, p. 199.

Não há previsão legal sobre a necessidade de pertinência temática para que alguma pessoa jurídica sujeita a regime publicístico ingresso com ação civil pública. A proposta, porém, tem aceitação doutrinária. Confira-se o exemplo: "não teria muito sentido admitir que uma empresa pública federal voltada à exploração do petróleo do pré-sal ingresse com ação coletiva buscando a tutela de patrimônio histórico e cultural".[291] Cumpre ponderar que a legitimidade da Fazenda Pública para o ajuizamento da ação civil pública enseja hipótese de legitimação extraordinária, caso em que o direito controvertido não é de sua titularidade, e não se confunde com a possibilidade de ingressar em juízo para a tutela de algum patrimônio pública que pertença à própria Fazenda Pública legitimada.

3.4. *Defensoria Pública*

A Defensoria Pública é parte legitima para ajuizar ação civil pública. Trata-se de uma conquista institucional que surgiu com a Lei nº 11.448/07, ao alterar o art. 5º da Lei nº 7.347/85, com o nítido propósito de fortalecer a tutela coletiva de direitos no sistema brasileiro. O dispositivo foi considerado constitucional pelo Supremo Tribunal Federal em julgado no qual confirmou a legitimidade da Defensoria Pública para o ajuizamento de qualquer interesse coletivo (coletivos, difusos e individuais homogêneos).[292] Posteriormente, na mesma ação, o STF afirmou que essa legitimidade não está condicionada "à comprovação prévia da hipossuficiência dos possíveis beneficiados pela prestação jurisdicional".[293] Essa conclusão, porém, havia sido tomada anteriormente pela Corte em julgamento com repercussão geral.

De acordo com o Supremo Tribunal Federal, a Defensoria Pública pode ajuizar ação civil pública, desde que a ação tenha relação com a sua missão institucional. Nas palavras do Relator Ministro Dias Toffoli, "a legitimidade da Defensoria Pública para a propositura de ação civil pública existirá nos casos em que, em tese, ela comprovar a pertinência temática e que a defesa do direito difuso vise a beneficiar, em sua essência, os necessitados, os carentes, os desassistidos, os hipossuficientes, os menos afortunados ou as pessoas pertencentes aos estratos mais economicamente débeis da coletividade – em resumo, quando puder beneficiar os economicamente necessitados". Poste-

[291] NEVES, Daniel Amorim Assumpção. *Ações constitucionais*. 3. ed. Salvador: Juspodivm, 2017, p. 436.

[292] ADI 3943, Relatora Min. Cármen Lúcia, Tribunal Pleno, julgado em 07/05/2015.

[293] ADI 3943 ED, Relatora Min. Cármen Lúcia, Tribunal Pleno, julgado em 18/05/2018.

riormente, a questão foi objeto da seguinte tese de repercussão geral: "A Defensoria Pública tem legitimidade para a propositura da ação civil pública em ordem a promover a tutela judicial de direitos difusos e coletivos de que sejam titulares, em tese, pessoas necessitadas".[294]

4. Competência

As regras gerais para definição da competência são aplicáveis à ação civil pública com algumas adaptações. Como a legislação específica pouco aprofunda a matéria, é no Código de Processo Civil que estarão as principais regras de competência. Em síntese, é preciso identificar se há alguma regra que atrai a causa para os tribunais superiores; não havendo, verifica-se se a competência é da Justiça Especial (Eleitoral, Trabalhista ou Militar) ou da Justiça Comum (Estadual ou Federal); após, apura-se a presença de alguma regra de atração para a Justiça Federal, sendo que a Justiça Estadual tem caráter residual; na sequência, aprecia-se a instância de julgamento (primeiro grau ou segundo grau); por fim, identificam-se as regras de localidade (foro) e de juízo.

Embora a ação civil pública seja vocacionada para o primeiro grau de jurisdição, cumpre atentar para algumas peculiaridades sobre a competência perante tribunais superiores.

A primeira diz respeito ao foro por prerrogativa de função, já que havia discussão sobre a sua incidência em demandas cíveis, notadamente em razão das ações de improbidade administrativa contra agentes políticos que, no âmbito penal, teriam a causa julgada por algum tribunal. Assim, a natureza de "ação civil pública" das ações de improbidade causou reflexos no tema. Sobre o assunto, porém, a jurisprudência se consolidou no sentido de que não há que se falar em foro por prerrogativa de função no âmbito das ações de improbidade administrativa, entendimento plenamente aplicável às demais ações civis públicas.

A segunda diz respeito à competência do Supremo Tribunal Federal, já que é controversa a existência de competência originária da mais alta Corte em matéria de tutela coletiva. Todavia, o próprio STF já considerou, em ação popular, que seria competente quando houvesse conflito entre entes políticos distintos (art. 102, I, *f*, CF/88) ou quando mais da metade dos membros do tribunal de origem fossem impedidos ou tivessem interesse na causa (art. 102, I, *n*, CF/88). Trata-se de

[294] RE 733433, Relator Min. Dias Toffoli, Tribunal Pleno, julgado em 04/11/2015.

compreensão plenamente aplicável à ação civil pública.[295] Em decisão mais recente, o STF se considerou competente para julgar ação civil pública ajuizada em face de empresa binacional (art. 102, I, *e*, CF/88). O que se pode concluir é que, presente alguma das hipóteses de competência originária do STF, é plenamente viável que a demanda seja proposta diretamente perante a mais alta Corte.

Superado o debate sobre os tribunais superiores, verifica-se se a competência é da Justiça Especial ou da Justiça Comum e, nesta última, se há algum regra de atração para a Justiça Federal, posto que subsidiária a competência estadual.

A distribuição das regras de "competência de Justiça" é feita exclusivamente pelo texto constitucional, ao tratar da Justiça especializada (trabalhista, militar e eleitoral) e da Justiça comum (Justiça Estadual ou Justiça Federal). A definição da Justiça competente levará em consideração os critérios de atração decorrentes da Justiça especializada. Na Justiça Militar, como não há competência cível, fica prejudicado o debate. Na Justiça do Trabalho, é plenamente possível que uma ação seja proposta com o fito de debater matéria afeta a essa competência (exemplo: ação civil pública na defesa do meio ambiente do trabalho). Na Justiça Eleitoral, é questionável, a constitucionalidade da vedação infralegal para o manejo de ação civil pública como, de fato, existe (art. 105-A, Lei nº 9.504/97). Na Justiça Federal, aplica-se o regramento geral, o que ocasionará frequentes ações neste ramo do Judiciário. Cumpre lembrar, no ponto, que autoridades federais e interesses ou matérias que atingem diretamente alguma dessas autoridades, normalmente atraem a competência da Justiça Federal. O Ministério Público Federal, no polo ativo da demanda, é exemplo dessa atração (STJ, CC 39.111).

- **"Competência delegada"**: parcela da doutrina defende que se aplica a regra da competência delegada prevista nos art. 109, §§ 3º e 4º, CF/88 quando, no local do dano, não houver Vara Federal. Assim, como a ação deve ser proposta no local onde houve o dano, a competência seria da Justiça Estadual, por delegação, e não de vara federal. Esse entendimento doutrinário, porém, não seduziu o STF que, em decisão antiga, apontou que a competência é da seção judiciária.[296] Conclui-se, portanto, que é inaplicável o art. 109, §§ 3º e 4º, CF/88 no âmbito da ação civil pública.

Após a definição da "competência de Justiça" aprecia-se a instância de julgamento (primeiro grau ou segundo grau) e por fim, identifi-

[295] NEVES, Daniel Amorim Assumpção. *Ações constitucionais*. 3. ed. Salvador: Juspodivm, 2017, p. 406

[296] STF, RE 228955, Relator Min. Ilmar Galvão, Tribunal Pleno, julgado em 10/02/2000.

cam-se as regras de localidade (foro) e de juízo. Há questões controvertidas no âmbito da competência territorial da ação civil pública.

No que diz respeito à competência de foro, prevê o art. 2º da Lei nº 7.347/85 que as ações serão propostas "no foro do local onde ocorrer o dano, cujo juízo terá competência funcional para processar e julgar a causa" (art. 2º). Apesar de arraigada a uma tradição peculiar sobre as regras de competência, o que ocasiona interessante debate acadêmico, é unânime o entendimento de que, no âmbito da ação civil pública, a competência de foro é classificada como uma competência absoluta. O CPC atual confirma esse entendimento (art. 62, CPC).

A competência de foro, no âmbito da ACP, observa também a previsão legal do art. 93 do CDC, inclusive para ações alheias à seara consumerista.[297] Esse dispositivo aponta para a competência; (a) do lugar onde ocorreu ou deva ocorrer o dano, quando de âmbito local (art. 93, I) ou; (b) "da Capital do Estado ou no do Distrito Federal, para os danos de âmbito nacional ou regional, aplicando-se as regras do Código de Processo Civil aos casos de competência concorrente" (art. 93, II). Veja-se que, de acordo com o CDC, a extensão do dano influencia diretamente na competência de foro. De qualquer sorte, nesta última hipótese, é possível que haja competência concorrente a ser solucionada pelo critério da prevenção.

Quanto ao dano nacional, corrente minoritária defendia a competência exclusiva do foro do Distrito Federal, tese que foi rechaçada pelo STJ ao confirmar que, nestes casos, existem foros concorrentes.[298] Essa aliás, é a corrente majoritária no âmbito doutrinário a indicar que a parte autora poderá escolher se ajuíza a ação no Distrito Federal ou na Capital de um dos Estados envolvidos no dano.[299]

5. Procedimento

A ação civil pública observa, na maior parte, o procedimento comum previsto no Código de Processo Civil (art. 19). Existem, porém, algumas regras especiais detalhadas na Lei nº 7.347/85 e que serão

[297] STJ, REsp 1101057/MT, Rel. Ministra Nancy Andrighi, 3ª Turma, julgado em 07/04/2011, DJe 15/04/2011.

[298] Assim: "O Superior Tribunal de Justiça tem o pacífico entendimento de que o art. 93, II, da Lei n. 8.078/1990 - Código de Defesa do Consumidor não atrai a competência exclusiva da justiça federal da Seção Judiciária do Distrito Federal, quando o dano for de âmbito regional ou nacional. Conforme a jurisprudência do STJ, nos casos de danos de âmbito regional ou nacional, cumpre ao autor optar pela Seção Judiciária que deverá ingressar com ação" (STJ, AgRg no CC 118.023/DF, Rel. Ministro Benedito Gonçalves, Primeira Seção, julgado em 28/03/2012, DJe 03/04/2012).

[299] LEONEL, Ricardo de Barros. *Manual do processo coletivo*. 4. ed. São Paulo: Malheiros, 2017, p. 273.

tratadas a seguir. Cumpre lembrar, ainda, a existência de alguns dispositivos legais que trazem providências prévias ao ajuizamento da ação judicial e que dizem respeito à apuração, em âmbito administrativo, de fatos que possam justificar a tutela jurisdicional. Aliás, qualquer pessoa pode provocar o Ministério Público com a apresentação de fatos e elementos que possam justificar o ajuizamento da ação (art. 6º), providência autoriza, inclusive, para juízes e tribunais que tenham conhecimento desses fatos (art. 7º).

- **Inquérito civil**: trata-se de procedimento administrativo de investigação presidido pelo Ministério Público para a obtenção de elementos de convicção para a verificação de eventual cabimento de ação civil pública.[300] Neste procedimento, o parquet poderá "requisitar, de qualquer organismo público ou particular, certidões, informações, exames ou perícias, no prazo que assinalar, o qual não poderá ser inferior a 10 (dez) dias úteis" (art. 8º, § 1º) e, caso fique convencido da inexistência de fundamento para a propositura da ação civil, promoverá o arquivamento dos autos de forma motivada (art. 9º, *caput*). Neste caso, os autos devem ser remetidos ao Conselho Superior do Ministério Público (art. 9º, § 1º) para homologação do arquivamento (art. 9º, § 2º) ou designação de algum órgão ministerial para o ajuizamento da ação (art. 9º, § 4º). Nesse ínterim, é possível que associações legitimadas para a propositura da ação se manifestem acerca do acerto ou não em arquivar (art. 9º, § 3º). O procedimento do inquérito civil é detalhado pela Resolução 23/2007 do CNMP.[301] O inquérito civil é um excelente expediente de filtragem para as ações judiciais, proporcionando, na via administrativa, a colheita de elementos de prova e, especialmente, permitindo que os envolvidos busquem um consenso prévio sobre a controvérsia. Não é à toa que um dos principais instrumentos desse procedimento seja o "Termo de Ajustamento de Conduta" (art. 5º, § 6º).
- **Termo de Ajustamento de Conduta** (**TAC**): o art. 5º, § 6º, da LACP prevê que os órgãos públicos legitimados poderão tomar dos interessados compromisso de ajustamento de sua conduta às exigências legais, mediante cominações, que terá eficácia de título executivo extrajudicial. Trata-se, pois, de um instrumento de transação franqueado ao Ministério Público para promover a composição do conflito antes de eventual ação judicial e, como essa avença é reduzida a termo, convencionou-se denominar de "termo" de ajustamento de conduta.[302]

---

300 MAZZILLI, Hugo Nigro. *A defesa dos interesses difusos em juízo*: meio ambiente, consumidor, patrimônio cultural, patrimônio público e outros interesses. 29. ed. São Paulo: Saraiva, 2016, p. 535.

301 Idem, p. 541.

302 Além dessa particularidade relativa à denominação do instituto, Hugo Mazzilli apresenta as seguintes características do compromisso: "a) é tomado por termo por um dos órgãos públicos legitimados à ação civil pública; b) nele não há concessões de direito material por parte do órgão público legitimado que o toma, mas sim o causador do dano assume uma obrigação de fazer ou não fazer (ajustamento de conduta às obrigações legais); c) dispensam-se testemunhas instru-

5.1. *Petição inicial*

A petição inicial é o instrumento através do qual se propõe a demanda e se instaura o processo. A demanda é a ação em sentido processual, isto é, a afirmação de uma relação jurídica deduzida em juízo (*res in iudicium deducta*). A instauração do processo se dá com a propositura da demanda, fato que é representado materialmente com o protocolo da petição inicial (art. 312, CPC).

Aplicam-se, à petição inicial, as mesmas regras e requisitos do procedimento comum. E tal como ocorre em qualquer ação, a ação civil pública "poderá ter por objeto a condenação em dinheiro ou o cumprimento de obrigação de fazer ou não fazer" (art. 3º). Além disso, "o interessado poderá requerer às autoridades competentes as certidões e informações que julgar necessárias, a serem fornecidas no prazo de 15 (quinze) dias" (art. 8º, *caput*).

Admite-se o litisconsórcio ativo no âmbito da ação civil pública. Trata-se de uma decorrência natural da existência de diversos sujeitos legitimados para a propositura da ação. Neste caso, haverá litisconsórcio ativo facultativo unitário.[303] A atuação conjunta entre os Ministérios Públicos da União, do Distrito Federal e dos Estados na defesa dos interesses e direitos tutelados tem expressa autorização legal (art. 5º, § 5º) e, embora haja divergência doutrinária, é medida aceita pelo Superior Tribunal de Justiça.[304]

Similar ao que ocorre na ação popular, não há adiantamento de custas e outras despesas processuais, de modo que essa providência não é exigida para o ajuizamento da ação (art. 18).

5.2. *Posturas do juiz*

Ao apreciar a petição inicial, podem ser adotadas todas as providências previstas no âmbito do procedimento comum, tais como a

---

mentárias; d) dispensa-se a participação de advogados; e) é colhido extrajudicialmente e não é necessário que seja homologado em juízo; f) o órgão público legitimado pode tomar o compromisso de qualquer causador do dano, mesmo que este seja outro ente público (só não pode tomar compromisso de si mesmo); g) é preciso prever no próprio título as cominações cabíveis, embora não necessariamente a imposição de multa; h) o título deve conter obrigação certa, quanto à sua exigência, e determinada, quanto ao seu objeto, e ainda deve conter obrigação exigível" (MAZZILLI, Hugo Nigro. *A defesa dos interesses difusos em juízo*: meio ambiente, consumidor, patrimônio cultural, patrimônio público e outros interesses. 29. ed. São Paulo: Saraiva, 2016, p. 500).

[303] MANCUSO, Rodolfo de Camargo. *Ação civil pública*: em defesa do meio ambiente, do patrimônio cultural e dos consumidores. 14. ed. São Paulo: Revista dos Tribunais, 2016, p. 287.

[304] STJ, REsp 1444484/RN, Rel. Ministro Benedito Gonçalves, Primeira Turma, julgado em 18/09/2014, DJe 29/09/2014.

ordem de emenda da peça, o indeferimento imediato, o julgamento de improcedência liminar etc. Além disso, ao despachar a inicial, caberá ao magistrado determinar a citação da parte contrária e, eventualmente, a intimação do Ministério Público.

Para os adeptos do microssistema de tutela coletiva, seria possível a aplicação, ainda, das providências previstas no âmbito da ação popular, tal como a requisição de documentos necessários e que tenham sido referidos pela parte autora ou outros que o juiz considere necessários para o esclarecimento dos fatos (art. 7º, I, *b*, LAP).

5.3. *Tutela provisória*

Não há regramento detalhado sobre tutelas provisórias na Lei nº 7.347/85, limitando-se a legislação de regência em indicar como cabível a propositura de "ação cautelar" para evitar dano aos interesses tutelados (art. 4º), permitir a concessão de "mandado liminar, com ou sem justificação prévia" (art. 12) e considerar cabível o pedido de "suspensão de liminar" pelo Poder Público (art. 12, § 1º).

Todas essas disposições devem ser interpretadas à luz do Código de Processo Civil atual e que reorganizou as tutelas provisórias. Assim, a citada "ação cautelar", deve ser compreendida como tutela provisória antecedente (art. 305, CPC) e o "mandado liminar" como autorização para a concessão de qualquer tutela provisória, inclusive sem prévia oitiva da parte contrária (art. 300, § 2º, CPC), ou mesmo a tutela da evidência,[305] já que podem ser empregadas "todas as demais medidas" da mesma natureza das cautelares e antecipatórias no âmbito da ação civil pública.[306]

Como a ação civil pública pode ser ajuizada contra pessoa jurídica de direito público e ou integrante da administração pública, é aplicável o regime jurídico das tutelas provisórias em face do Poder Público, com as questionáveis restrições que lhe são inerentes. Aplicam-se, pois, as Leis nºs 8.437/92 e 9.494/97, além da vedação indicada na Lei nº 12.016/09. Fica mantida a possibilidade de "suspensão de liminar" pelo Poder Público (art. 12, § 1º) e cujo procedimento é melhor detalhado na Lei nº 8.437.

---

[305] NEVES, Daniel Amorim Assumpção. *Ações constitucionais*. 3. ed. Salvador: Juspodivm, 2017, p. 454.

[306] ZAVASCKI, Teori Albino. *Processo coletivo*: tutela de direitos coletivos e tutela coletiva de direitos. 7. ed. São Paulo: Revista dos Tribunais, 2017, p. 79.

5.4. Posturas do réu

A citação do réu observa o regramento geral do CPC, assim como as posturas cabíveis em relação a eventuais defesas que podem ser opostas.

A principal postura do réu neste momento é a contestação. O prazo para contestar é de quinze dias, tal como prevê o Código de Processo Civil. Na contestação, podem ser apresentadas todas as defesas processuais e de mérito. Diante das inovações trazidas pelo CPC atual, também devem ser alegadas as matérias que anteriormente dependiam de exceções autuadas em apartado. Assim, por exemplo, a alegação de incompetência deve ser versada como preliminar da contestação.

Não há previsão legal específica acerca da possibilidade de reconvenção em ação civil pública. No âmbito da ação popular, conforme já tratado, o STJ considerou inviável a reconvenção em razão da legitimação extraordinária do autor (o autor teria que defender interesse próprio em nome próprio na reconvenção quando, na ação principal, ele defende interesse alheio em nome próprio).[307] As razões de decidir, ao que tudo indica, são aplicáveis à ação civil pública, já que nela também há legitimação extraordinária.

A ausência de contestação, no procedimento comum, ocasiona a revelia. Como não há regra específica sobre o assunto, é prevalente o entendimento de que se aplica a revelia na ação civil pública. Entretanto, para aqueles que defendem que não há revelia em face da Fazenda Pública em razão da indisponibilidade do interesse público, a mesma conclusão é aplicável à ação popular.

5.5. Ministério Público

O Ministério Público poderá atuar na ação civil pública como parte autora (art. 5º, I). Caso não figure no polo ativo, o Ministério Público atuará obrigatoriamente como fiscal da ordem jurídica (art. 5º, § 1º). De fato, enquanto fiscal, é do interesse do Ministério Público o esclarecimento adequado dos fatos.

5.6. Instrução

Após as posturas do réu e a manifestação do Ministério Público, o processo tem seguimento com as fases de saneamento e de instrução.

[307] REsp 72.065/RS, Rel. Ministro Castro Meira, Segunda Turma, julgado em 03/08/2004, DJ 06/09/2004, p. 185.

Uma vez mais, aplicam-se o regramento do procedimento comum e as suas disposições atinentes às providências preliminares, inclusive quanto à decisão de saneamento (art. 357, CPC).

Após o saneamento, havendo a necessidade de dilação probatória, o processo continua com a fase de instrução. Para tanto, poderá ser realizada audiência de instrução ou mesmo realizadas outras provas (art. 369-484, CPC).

5.7. *Sentença*

A sentença da ação civil pública também acompanha o regramento geral do procedimento comum, de modo que deverá conter relatório, fundamentação e dispositivo. Aplicam-se, naturalmente, as regras acerca do dever de fundamentação. A sentença, quanto ao conteúdo, poderá ser terminativa ou definitiva. É dizer, admite-se tanto o julgamento sem exame do mérito como o julgamento com exame de mérito.

A sentença de procedência pode assumir variadas feições a depender dos pedidos e do objeto da ação civil pública.[308] Como o feixe de direitos tutelados é amplo, não há uma regra geral quanto à eficácia preponderante da sentença, muito embora autorizada doutrina registra o acentuado caráter executório da decisão que, muitas vezes, buscará cominar uma obrigação de fazer ou de não fazer.[309]

A condenação que imponha uma obrigação de pagar, deverá estabelecer que o produto da indenização reverta "a um fundo gerido por um Conselho Federal ou por Conselhos Estaduais de que participarão necessariamente o Ministério Público e representantes da comunidade, sendo seus recursos destinados à reconstituição dos bens lesados" (art. 13), como, por exemplo, o Fundo de Defesa de Direitos Difusos (Decreto 1306/94). Caso o fundo específico não tenha sido

---

308 "Na ação civil pública, a procedência do pedido importará, conforme o caso, outorga da tutela jurisdicional geral ou específica, líquida ou ilíquida, condenatória, declaratória, constitutiva, mandamental ou executiva, mediante sentença que seja congruente com a natureza do que foi postulado" (ZAVASCKI, Teori Albino. *Processo coletivo*: tutela de direitos coletivos e tutela coletiva de direitos. 7. ed. São Paulo: Revista dos Tribunais, 2017, p. 71).

309 "Dissemos que precipuamente a natureza da sentença é cominatória, porque o objeto da ação civil pública é voltado para a tutela específica de um interesse metaindividual, e não para a obtenção de uma condenação pecuniária. Até porque em muitos casos o dinheiro seria uma pálida 'compensação' pelo dano coletivo, uma vitória de Pirro – isso é particularmente verdadeiro em matéria de tutela aos valores culturais e ambientais" (MANCUSO, Rodolfo de Camargo. *Ação civil pública*: em defesa do meio ambiente, do patrimônio cultural e dos consumidores. 14. ed. São Paulo: Revista dos Tribunais, 2016, p. 335).

criado, "o dinheiro ficará depositado em estabelecimento oficial de crédito, em conta com correção monetária" (art. 13, § 1º).

Alteração recente estabeleceu que havendo acordo ou condenação com fundamento em dano causado por ato de discriminação étnica, "a prestação em dinheiro reverterá diretamente ao fundo de que trata o *caput* e será utilizada para ações de promoção da igualdade étnica, conforme definição do Conselho Nacional de Promoção da Igualdade Racial, na hipótese de extensão nacional, ou dos Conselhos de Promoção de Igualdade Racial estaduais ou locais, nas hipóteses de danos com extensão regional ou local, respectivamente" (art. 13, § 2º, da Lei nº 12.288/10).

A sentença da ação civil pública, em previsão similar à ação popular, não condenará a parte autora em honorários advocatícios, custas ou outras despesas processuais, salvo comprovado má-fé (art. 17).

5.8. *Recursos e impugnações*

Aplicam-se neste ponto as regras gerais em matéria recursal. Assim, por exemplo, apenas as decisões interlocutórias previstas no art. 1.015 do CPC são passíveis de controle imediato por meio de agravo de instrumento.

A sentença se sujeita a reexame obrigatório conforme o regramento geral (art. 496, CPC), muito embora haja corrente minoritária no sentido de que, à luz do microssistema coletivo, deve ser aplicável a regra especial prevista para a ação popular.

A sentença, em qualquer caso, está sujeita a controle por apelação e também é possível a utilização dos demais recursos cíveis previstos no Código de Processo Civil, desde que preenchidos os seus requisitos de admissibilidade (embargos de declaração, recurso especial, recurso extraordinário etc.).

O art. 14 da Lei nº 7.347/85 prevê que o juiz poderá conferir efeito suspensivo aos recursos, para evitar dano irreparável à parte. Em razão dessa previsão legal, é prevalente o entendimento de que os recursos, no âmbito da ação civil pública, não possuem efeito suspensivo automático, de modo que a regra é a eficácia imediata das decisões.[310] Admite-se, contudo o suspensivo *ope judicis* determinado pelo juiz quando verificar a existência de dano irreparável à parte (aplica-se em comento o art. 1.012, § 3º, CPC).

[310] LEONEL, Ricardo de Barros. *Manual do processo coletivo*. 4. ed. São Paulo: Malheiros, 2017, p. 484.

5.9. Cumprimento

O cumprimento da sentença segue as regras gerais presentes na execução civil com a adoção das técnicas executórias necessárias para a obtenção do resultado prático pretendido na ação civil pública. A tutela executiva pode ser iniciada pela parte autora ou decorridos sessenta dias sem manifestação, "deverá fazê-lo o Ministério Público, facultada igual iniciativa aos demais legitimados" (art. 15). Essa regra, porém, abrange apenas a execução de direitos difusos e coletivos e não direitos individuais homogêneos (cuja execução deve ser individual).[311]

O art. 11 da LACP prevê que na ação que tenha por objeto o cumprimento de obrigação de fazer ou não fazer, "o juiz determinará o cumprimento da prestação da atividade devida ou a cessação da atividade nociva, sob pena de execução específica, ou de cominação de multa diária, se esta for suficiente ou compatível, independentemente de requerimento do autor". Trata-se de regra específica acerca do cabimento de *astreintes* em ação civil pública. Há também regra expressa no sentido de que a multa imposta somente é exigível após o trânsito em julgado, mas será devida desde o dia em que se houver configurado o descumprimento (art. 12, § 2º).

O cumprimento da sentença, na ação civil pública, portanto, deve privilegiar a tutela específica, isto é, a obtenção de um resultado o mais próximo possível da recomposição exata do direito violado.[312] Um exemplo dessa providência é a imposição de reparar o dano ao meio ambiente com o plantio de árvores e não o com o pagamento de uma indenização.[313]

Quando se tratar de direito individual homogêneo, a sentença de procedência da ação civil pública reconhecerá o direito pleiteado para o indivíduo, mas, normalmente, não conterá todos os elementos necessários para a sua execução. Caberá ao indivíduo, em posterior ação autônoma de liquidação e execução individual, promover os atos necessário ao cumprimento da pretensão individual. Essa verdadeira "execução individual de sentença coletiva" seguirá as mesmas regras do cumprimento de sentença tradicional (arts. 513-549, CPC).

- **Liquidação e execução por "fluid recovery"**: O Código de Defesa do Consumidor prevê que, decorrido um ano sem a habilitação de "inte-

[311] NEVES, Daniel Amorim Assumpção. *Ações constitucionais*. 3. ed. Salvador: Juspodivm, 2017, p. 475.

[312] MANCUSO, Rodolfo de Camargo. *Ação civil pública*: em defesa do meio ambiente, do patrimônio cultural e dos consumidores. 14. ed. São Paulo: Revista dos Tribunais, 2016, p. 336.

[313] NEVES, op. loc. cit., p. 476.

ressados em número compatível com a gravidade do dano" referente a sentença que reconheça direito individual homogêneo, podem os legitimados promover a liquidação e execução da indenização devida (art. 100, caput, CDC), caso em que os valores devem ser destinados aos fundos específicos (art. 100, parágrafo único, CDC). A regra em comento prevê a denominada execução por "fluid recovery"[314] e que confere legitimidade específica para que, ao invés de execução individual de sentença coletiva, ocorra execução coletiva de sentença coletiva. Neste caso, ao invés de cada pessoa beneficiada pela sentença referente a um direito individual homogêneo dar início à tutela executivo, poderá o legitimado extraordinário promover essa execução cujo produto reverterá para um fundo público. Apesar de peculiar, a regra está em plena harmonia com a tutela de direitos individuais homogêneos cujo reconhecimento pode não ter sido levado ao conhecimento do lesado ou cuja execução individual pode não ser economicamente relevante. Cumpre frisar que, quando houver execução por "fluid recovery", os valores obtidos e revertidos para o fundo específico não serão revertidos para os indivíduos lesados, mas sim para a coletividade, devendo ser utilizado na área de interesse que gerou a execução.

6. Efeitos (da decisão)

A sentença de procedência, conforme já destacado, pode assumir variadas feições. Ela poderá, por exemplo, ter acentuado caráter executório (ao impor a ordem de desfazimento de algum ato lesivo ou impor que não seja praticados atos que causem prejuízo) ou condenatório (quando estabelece o dever de ressarcimento do prejuízo).

A autoridade da coisa julgada é tema mais delicado em razão de regras próprias e da controvertida incidência do microssistema de tutela coletiva. Para compreensão do tema, cumpre adiantar a redação do art. 16 da LACP:

> Art. 16. A sentença civil fará coisa julgada erga omnes, nos limites da competência territorial do órgão prolator, exceto se o pedido for julgado improcedente por insuficiência de provas, hipótese em que qualquer legitimado poderá intentar outra ação com idêntico fundamento, valendo-se de nova prova (Redação dada pela Lei nº 9.494, de 10.9.1997).

---

[314] A expressão tem origem nas *class actions* do direito norte americano. Lá, o *fluid recovery* é utilizado "quando os indivíduos lesados não são aptos a levar adiante provas de seu interesse pessoal ou não podem receber a notificação, sendo o dinheiro distribuído através do sistema de mercado, pela forma de redução de preços ou patrocínio de projetos em benefício dos membros da classe" (LEONEL, Ricardo de Barros. *Manual do processo coletivo*. 4. ed. São Paulo: Malheiros, 2017, p. 523).

O dispositivo legal em questão trata: (a) da extensão subjetiva da coisa julgada, isto é, quais pessoas são atingidas pela autoridade da decisão; (b) das condições para formação da coisa julgada, isto é, quando ela surge e; (c) da "extensão territorial" da coisa julgada em ação civil pública.

No que tange à extensão subjetiva, nos termos do art. 16 da LACP, a autoridade da coisa julgada será *erga omnes*. Quanto aos sujeitos, a coisa julgada atinge a categoria de sujeitos que são substituídos na ação ajuizada. Assim, por exemplo, na ação proposta pelo MP para proteger o meio ambiente (que é direito difuso), a coisa julgada poderia abranger toda a coletividade, enquanto na ação proposta por uma associação para resguardar algum direito dos seus associados (que é direito coletivo), a coisa julgada poderia abranger todos os associados. Neste último exemplo, o mais correto é considerar que a coisa julgada produz efeitos *ultra partes* e não *erga omnes*, pelo simples fato de que a sua autoridade recai sobre os membros do grupo que foi substituído, e não sobre toda a coletividade. No ponto, o art. 16 da LACP não está em plena harmonia com o art. 103 do CDC. Para melhor elucidar o ponto, confira-se a redação do dispositivo:

> Art. 103. Nas ações coletivas de que trata este código, a sentença fará coisa julgada:
>
> I – erga omnes, exceto se o pedido for julgado improcedente por insuficiência de provas, hipótese em que qualquer legitimado poderá intentar outra ação, com idêntico fundamento valendo-se de nova prova, na hipótese do inciso I do parágrafo único do art. 81;
>
> II – ultra partes, mas limitadamente ao grupo, categoria ou classe, salvo improcedência por insuficiência de provas, nos termos do inciso anterior, quando se tratar da hipótese prevista no inciso II do parágrafo único do art. 81;
>
> III – erga omnes, apenas no caso de procedência do pedido, para beneficiar todas as vítimas e seus sucessores, na hipótese do inciso III do parágrafo único do art. 81.
>
> § 1° Os efeitos da coisa julgada previstos nos incisos I e II não prejudicarão interesses e direitos individuais dos integrantes da coletividade, do grupo, categoria ou classe.
>
> § 2° Na hipótese prevista no inciso III, em caso de improcedência do pedido, os interessados que não tiverem intervindo no processo como litisconsortes poderão propor ação de indenização a título individual.
>
> § 3° Os efeitos da coisa julgada de que cuida o art. 16, combinado com o art. 13 da Lei n° 7.347, de 24 de julho de 1985, não prejudicarão as ações de indenização por danos pessoalmente sofridos, propostas individualmente ou na forma prevista neste código, mas, se procedente o pedido, beneficiarão as vítimas e seus sucessores, que poderão proceder à liquidação e à execução, nos termos dos arts. 96 a 99.
>
> § 4º Aplica-se o disposto no parágrafo anterior à sentença penal condenatória.

O art. 16 da LACP também não faz referência aos direitos individuais homogêneos, o que leva a doutrina absolutamente pacífica a aplicar o art. 103, III, do CDC. Desse modo, em relação aos direitos individuais homogêneos, na dimensão subjetiva, a autoridade da coisa julgada será *erga omnes* apenas no caso de procedência do pedido, para beneficiar os substituídos (art. 103, III, c/c art. 103, §§ 1º e 3º, CDC). Essa benéfica mitigação na extensão da coisa julgada material conta com duas exceções previstas em lei: (a) o indivíduo não será beneficiado da sentença coletiva de procedência se não tiver requerido a suspensão da sua ação individual em trinta dias, caso ajuizada e caso intimado para tanto (art. 104, CDC); (b) o indivíduo poderá ser prejudicado pela sentença coletiva de improcedência, caso seja admitido como "litisconsorte" na ação coletiva, hipótese em que será atingido pela coisa julgada material (art. 103, § 2º, CDC).

Não bastasse a imbrincada previsão legal sobre os sujeitos da coisa julgada, a sua formação igualmente tem particularidades.

No que tange à formação da coisa julgada, nas ações civis públicas que versem sobre direitos difusos ou coletivos, a sentença de improcedência por falta de provas não impede o ajuizamento de nova ação (art. 103, I e II, CDC). Nestes casos, qualquer legitimado poderá intentar outra ação com idêntico fundamento, valendo-se de nova prova (art. 16, parte final). Daí se conclui que a formação da coisa julgada material, nestes casos, dependerá da qualidade dos elementos de prova que aportarem no processo. Caso haja elementos de prova suficientes para o julgamento de mérito, seja ele favorável ou não à pretensão do autor, haverá formação da coisa julgada material; em sentido oposto, diante da ausência de elementos de prova para o julgamento de mérito, o pedido é julgado improcedente, mas não haverá a formação da coisa julgada material em razão da incidência do art. 16 da LACP.

Trata-se de coisa julgada *secundum eventum probationis* e que se justifica pela ausência do próprio titular do direito na relação processual. Como o titular do direito não participa do processo, não poderia ser prejudicado pela deficiência instrutória que não deu causa.

E conforme já visto, nas ações civis públicas que versem sobre direitos individuais homogêneos, a improcedência, qualquer que seja o fundamento da negativa, não impede o ajuizamento de ação individual (art. 103, III e § 1º, CDC). Quanto à formação, trata-se, pois, de "coisa julgada *secundum eventum litis*" ou, para outros, "*secundum eventum litis in utilibus*", já que a decisão apenas vincula o sujeito quando ela lhe for útil.

Sobre as ações civis públicas que versem sobre direitos individuais indisponíveis e que, portanto, não envolvem verdadeiros direitos coletivos, o regime jurídico da coisa julgada é rigorosamente idêntico às demais ações individuais (arts. 502-508, CPC). É portanto, irrelevante a qualidade prova produzida ou do resultado do processo, pois, a coisa julgada irá atingir indistintamente o substituído. Trata-se, portanto, de coisa julgada "pró e contra". Por uma questão didática, confira-se os seguintes quadros ilustrativos:

Coisa julgada (formação)			
Direitos difusos e Direitos coletivos	Sentença de procedência	→	Há coisa julgada material
	Sentença de improcedência em geral	→	Há coisa julgada material
	Sentença de improcedência por falta de provas	→	Não há coisa julgada material
Direitos individuais homogêneos	Sentença de procedência	→	Há coisa julgada material
	Sentença de improcedência	→	Há coisa julgada material, mas não impede o ajuizamento de ação individual (art. 103, III, e § 1°, CDC)

Coisa julgada (sujeitos)			
Direitos difusos	Sentença de procedência	→	Eficácia *erga omnes*
	Sentença de improcedência	→	Eficácia *erga omnes*
Direitos coletivos	Sentença de procedência	→	Eficácia *ultra partes*
	Sentença de improcedência	→	Eficácia *ultra partes*
Direitos individuais homogêneos	Sentença de procedência	→	Eficácia *erga omnes* (*)
	Sentença de improcedência	→	Eficácia *inter partes* (*)

(*) Cumpre lembrar que o indivíduo não será beneficiado da sentença coletiva de procedência se não tiver requerido a suspensão da sua ação individual em trinta dias, caso ajuizada e caso intimado para tanto (art. 104, CDC); e o indivíduo poderá ser prejudicado pela sentença coletiva de improcedência, caso seja admitido como "litisconsorte" na ação coletiva, hipótese em que será atingido pela coisa julgada material (art. 103, § 2º, CDC).

Como se pode perceber, existe íntima relação entre a extensão subjetiva da coisa julgada e a sua formação. Ademais, verifica-se que a autoridade da coisa julgada em ações que versam sobre direitos difusos e direitos coletivos, pela sua amplitude, teria um assombroso potencial para solucionar controvérsias de massa, de modo definitivo e geral, com maior eficiência do que qualquer ação individual, em razão da abrangência dos seus efeitos.

Infelizmente não foi esse o entendimento do Congresso Nacional ao aprovar a famigerada Lei nº 9.494/97, fruto da Medida Provisória nº 1570-5/97, que, além de trazer restrições à tutela provisória em matéria de Fazenda Pública, também alterou o regime jurídico da coisa julgada no âmbito da tutela coletiva e, em especial, da ação civil pública. Posteriormente, para consolidar o absurdo, a MP 2180-35/01 incluiu na Lei nº 9.494/97 um dispositivo específico para tratar do tema. Cumpre, então, analisar a "extensão territorial" da coisa julgada em ação civil pública.

E quanto a essa extensão territorial, o art. 16 da LACP prevê que a "sentença civil fará coisa julgada *erga omnes*, nos limites da competência territorial do órgão prolator". Igualmente limitando a extensão territorial das ações coletivas, prevê o art. 2º-A da Lei nº 9.494/97 que a sentença, em ação coletiva, "proposta por entidade associativa, na defesa dos interesses e direitos dos seus associados, abrangerá apenas os substituídos que tenham, na data da propositura da ação, domicílio no âmbito da competência territorial do órgão prolator".

A doutrina majoritária, com inúmeros argumentos sólidos,[315] demonstra a absoluta incompatibilidade lógica dessas previsões com o sistema de tutela coletiva: "Basta imaginar um direito difuso, de toda a coletividade, sendo limitado a apenas um determinado território, o que feriria de morte a própria ideia de indivisibilidade que é essencial aos direitos transindividuais. Como pode uma propaganda ser considerada enganosa em um Estado da Federação, e não em outro? Um medicamento nocivo à saúde em um Estado da Federação, e não em outro? Um contrato de adesão nulo em um Estado da Federação e válido em outro?".[316] E ainda: "Bastaria supor que uma empresa poderia em um Estado ser condenada a reparar dano ambiental e no Estado vizinho ser absolvida quanto aos mesmos fatos, pois, mesmo que o dano fosse regional, teriam de ser movidas duas demandas coletivas. O mesmo ambiente lesado é um só, e não obedece a fronteiras geográficas nem a esquemas legais de divisão de competências. Qual dos dois deveria ser cumprido? O meio ambiente terá ou não de ser reparado?".[317]

[315] Vide LEONEL, Ricardo de Barros. *Manual do processo coletivo*. 4. ed. São Paulo: Malheiros, 2017, p. 361-362.

[316] NEVES, Daniel Amorim Assumpção. *Ações constitucionais*. 3. ed. Salvador: Juspodivm, 2017, p. 464.

[317] LEONEL, op. loc. cit., p. 363.

Houve, talvez, confusão por parte do legislador entre os institutos da competência e da coisa julgada, notadamente porque a nossa jurisdição é unitária e nacional, de modo que a imutabilidade e indiscutibilidade que são agregadas à sentença com a coisa julgada jamais poderiam sê-lo apenas em uma fração geográfica do país. Essa constatação levou uma corrente doutrinária a interpretar tais dispositivos legais para compreender que a extensão da coisa julgada deve se relacionar com a extensão do dano, sendo essa a "competência territorial" do julgador.[318]

A celeuma doutrinária traz insegurança para os protagonistas do direito e é agravada pela ausência de consenso perante os tribunais superiores, quanto mais pelos tribunais de segundo grau do país. O Superior Tribunal de Justiça, que inicialmente adotou postura favorável à limitação imposta por lei,[319] chegou a proferir decisão pela sua Corte Especial com as seguintes considerações do Relator Ministro Luis Felipe Salomão:

> A antiga jurisprudência do STJ, segundo a qual "a eficácia erga omnes circunscreve-se aos limites da jurisdição do tribunal competente para julgar o recurso ordinário" (REsp 293.407/SP, Quarta Turma, confirmado nos EREsp. n. 293.407/SP, Corte Especial), em hora mais que ansiada pela sociedade e pela comunidade jurídica, deve ser revista para atender ao real e legítimo propósito das ações coletivas, que é viabilizar um comando judicial célere e uniforme - em atenção à extensão do interesse metaindividual objetivado na lide. (...)
>
> Assim, com o propósito também de contornar a impropriedade técnico-processual cometida pelo art. 16 da LACP, a questão relativa ao alcance da sentença proferida em ações coletivas deve ser equacionada de modo a harmonizar os vários dispositivos aplicáveis ao tema. (...)
>
> Portanto, se o dano é de escala local, regional ou nacional, o juízo competente para proferir sentença, certamente, sob pena de ser inócuo o provimento, lançará mão de comando capaz de recompor ou indenizar os danos local, regional ou nacionalmente,

[318] Nesse sentido: MANCUSO, Rodolfo de Camargo. *Ação civil pública*: em defesa do meio ambiente, do patrimônio cultural e dos consumidores. 14. ed. São Paulo: Revista dos Tribunais, 2016, p. 417; MAZZILLI, Hugo Nigro. *A defesa dos interesses difusos em juízo*: meio ambiente, consumidor, patrimônio cultural, patrimônio público e outros interesses. 29. ed. São Paulo: Saraiva, 2016, p. 672. Outra corrente, porém, realizando uma interpretação sistemática, defende que a limitação diz respeito à eficácia subjetiva da sentença, isto é, ela restringe os efeitos da sentença para os sujeitos domiciliados no território da competência do juízo e, em razão disso, apenas poderia incidir sobre direitos capazes de tratamento separado, sem que isto comprometa a sua essência. Daí porque, tal restrição apenas seria compatível com os direitos individuais homogêneos (ZAVASCKI, Teori Albino. *Processo coletivo*: tutela de direitos coletivos e tutela coletiva de direitos. 7. ed. São Paulo: Revista dos Tribunais, 2017, p. 73).

[319] STJ, EREsp 293.407/SP, Rel. Ministro João Otávio de Noronha, Corte Especial, julgado em 07/06/2006, DJ 01/08/2006, p. 327.

levados em consideração, para tanto, os beneficiários do comando, independentemente de limitação territorial.[320]

A jurisprudência pretérita, contudo, restou reafirmada em decisões posteriores no sentido de que "a sentença na ação civil pública faz coisa julgada erga omnes nos limites da competência territorial do órgão prolator",[321] muito embora haja tantas outras decisões de Turmas no sentido de aplicar a orientação da Corte Especial.[322] O Supremo Tribunal Federal, por sua vez, considerando que a matéria era de cunho infraconstitucional, negou repercussão geral a caso que buscava discutir os limites territoriais de decisão proferida em ação coletiva.[323] Todavia, em julgamento posterior, que discutia a extensão da legitimidade ativa das associações, acabou por consolidar o entendimento de que o art. 2º-A da Lei nº 9.494/97 é norma compatível com o texto constitucional.[324]

---

[320] STJ, REsp 1243887/PR, Rel. Ministro Luis Felipe Salomão, Corte Especial, julgado em 19/10/2011, DJe 12/12/2011.

[321] STJ, REsp 1304953/RS, Rel. Ministra Nancy Andrighi, Terceira Turma, julgado em 26/08/2014, DJe 08/09/2014; REsp 1414439/RS, Rel. Ministro Rogerio Schietti Cruz, Sexta Turma, julgado em 16/10/2014, DJe 03/11/2014; AgInt no REsp 1713274/SC, Rel. Ministro Mauro Campbell Marques, Segunda Turma, julgado em 13/11/2018, DJe 22/11/2018 (neste último caso, contudo, a ação civil pública envolvia direito individual indisponível e não direito transindividual).

[322] STJ, REsp 1658568/RJ, Rel. Ministra Nancy Andrighi, Terceira Turma, julgado em 16/10/2018, DJe 18/10/2018; AgInt no REsp 1623966/PR, Rel. Ministro Moura Ribeiro, Terceira Turma, julgado em 05/06/2018, DJe 15/06/2018; REsp 1732071/RJ, Rel. Ministro Herman Benjamin, Segunda Turma, julgado em 17/05/2018, DJe 21/11/2018.

[323] STF, ARE 796473 RG, Relator Min. Gilmar Mendes, julgado em 03/04/2014.

[324] De acordo com o Relator Ministro Marco Aurélio: "A problemática da eficácia territorial do pronunciamento judicial é resolvida a partir da jurisdição do órgão julgador, isso em se tratando de ação plúrima submetida ao rito ordinário. Esse mesmo enfoque seria observado se ajuizada a ação, diretamente, pelos próprios beneficiários do direito, não havendo tratamento diverso atuando a associação como representante". A tese fixada em repercussão geral foi a seguinte: "Beneficiários do título executivo, no caso de ação proposta por associação, são aqueles que, residentes na área compreendida na jurisdição do órgão julgador, detinham, antes do ajuizamento, a condição de filiados e constaram da lista apresentada com a peça inicial" (STF, RE 612043, Relator Min. Marco Aurélio, Tribunal Pleno, julgado em 10/05/2017). Não houve, porém, debate aprofundado sobre os "limites territoriais" da coisa julgada para outras espécies de direitos coletivos que não aqueles defendidos por associações, o que torna o precedente em questão específico para as hipóteses de ação civil pública ajuizada por associação na defesa dos seus associados.

Capítulo 8

Ação de improbidade administrativa

1. Conceito

A ação de improbidade administrativa é "é aquela em que se pretende o reconhecimento judicial de condutas de improbidade na Administração, perpetradas por administradores públicos e terceiros, e a consequente aplicação das sanções legais, com o escopo de preservar o princípio da moralidade administrativa".[325] Ora, se a probidade "é da essência da democracia", é natural que o texto constitucional se preocupe em estabelecer meios de controle dos atos e condutas de seus agentes.[326] Nesse sentido, a ação de improbidade é verdadeira garantia constitucional e "poderoso instrumento"[327] de fiscalização da probidade administrativa. O administrador probo é aquele que atua com retidão de conduta, atendendo às exigências de honestidade, lealdade, boa-fé respeitando os princípios éticos.

A preocupação constitucional com a tutela da probidade administrativa pode ser evidenciada pelos diversos dispositivos que tratam do assunto (art. 37, § 4º; art. 14, § 9º; art. 15, V; art. 85, V, CF/88) ora transcritos para melhor visualização.

> Art. 37, § 4º. Os atos de improbidade administrativa importarão a suspensão dos direitos políticos, a perda da função pública, a indisponibilidade dos bens e o ressarcimento ao erário, na forma e gradação previstas em lei, sem prejuízo da ação penal cabível.
>
> Art. 14, § 9º. Lei complementar estabelecerá outros casos de inelegibilidade e os prazos de sua cessação, a fim de proteger a probidade administrativa, a moralidade para exercício de mandato considerada vida pregressa do candidato, e a normalidade e legitimidade das eleições contra a influência do poder econômico ou o abuso do exercício de função, cargo ou emprego na administração direta ou indireta

325 CARVALHO FILHO, José dos Santos. *Manual de direito administrativo*. 30. ed. São Paulo: Atlas, 2016, p. 1.135.

326 ZAVASCKI, Teori Albino. *Processo coletivo*: tutela de direitos coletivos e tutela coletiva de direitos. 7. ed. São Paulo: Revista dos Tribunais, 2017, p. 100.

327 CARVALHO FILHO, José dos Santos. *Manual de direito administrativo*. 30. ed. São Paulo: Atlas, 2016, p. 1.135.

Art. 15. É vedada a cassação de direitos políticos, cuja perda ou suspensão só se dará nos casos de: (...) V – improbidade administrativa, nos termos do art. 37, § 4º.

Art. 85. São crimes de responsabilidade os atos do Presidente da República que atentem contra a Constituição Federal e, especialmente, contra: (...) a probidade na administração.

Art. 100, § 10. No caso de não liberação tempestiva dos recursos de que tratam o inciso II do § 1º e os §§ 2º e 6º deste artigo [precatórios]: (...) III – o chefe do Poder Executivo responderá na forma da legislação de responsabilidade fiscal e de improbidade administrativa.

A "natureza constitucional"[328] da ação de improbidade administrativa, seja pelo detalhamento trazido na Constituição, seja em razão dos elevados valores protegidos, justifica o seu estudo ao lado das demais ações constitucionais.

No plano infraconstitucional, a ação é prevista na Lei nº 8.429/92, também chamada "Lei de Improbidade Administrativa" (LIA). Trata-se, em grande parte, de uma norma jurídica de âmbito nacional,[329] que marcou a história da Administração Pública ao ampliar o rol e a eficácia das penalidades em face de agentes públicos e terceiros que venham a praticar atos desviantes da moralidade administrativa. No cenário político, a Lei de Improbidade Administrativa foi sempre muito criticada e alvo de discussões judiciais, mas sem grande sucesso. No aspecto formal, ela já foi considerada constitucional pelo Supremo Tribunal Federal (ADI 2182, STF).[330] E no aspecto material, embora a matéria ainda não esteja pacificada (ADI 4295, STF – pendente), a sua aplicação não tem sido negada pelo tribunais superiores.

A natureza jurídica da ação de improbidade administrativa – no aspecto processual – é tema altamente controvertido e que produz significativo impacto prático. Alguns defendem que se trata de uma ação civil de caráter individual com algumas particularidades. Outros, porém, defendem que se trata de uma ação civil de caráter coletivo e que, portanto, atrai a incidência do microssistema de tutela coletiva.[331] Há também acertada posição intermediária no sentido de que a ação

[328] ZAVASCKI, Teori Albino. *Processo coletivo*: tutela de direitos coletivos e tutela coletiva de direitos. 7. ed. São Paulo: Revista dos Tribunais, 2017, p. 129.

[329] A Lei nº 8.429/92 não é totalmente nacional, já que traz disposições sobre o processo administrativo e sobre os servidores públicos federais. Assim, ela pode ser considerada uma lei híbrida, que traz normas nacionais e normais federais (SANTANNA, Gustavo. *Direito Administrativo*. 4. ed. Porto Alegre: Verbo Jurídico, 2015, p. 369).

[330] STF, ADI 2182, Relator Min. Marco Aurélio, Relatora p/ Acórdão Min. Cármen Lúcia, Tribunal Pleno, julgado em 12/05/2010.

[331] GARCIA, Emerson; ALVES, Rogério Pacheco. *Improbidade Administrativa*. 6. ed. Rio de Janeiro: Lumen Juris, 2011, p. 747; ZAVASCKI, Teori Albino. *Processo coletivo*: tutela de direitos coletivos e tutela coletiva de direitos. 7. ed. São Paulo: Revista dos Tribunais, 2017, p. 101.

de improbidade administrativa é uma "espécie" de ação civil pública que conta com particularidades previstas na Lei nº 8.429/92.[332]

A Lei nº 8.429/92 detalha as condutas consideradas como atos de improbidade administrativa e comina diversas sanções em razão da prática desses atos. As punições podem ser aplicadas isoladas ou cumulativamente, de acordo com a gravidade do fato, e abrangem a devolução de patrimônio acrescido ilicitamente, o ressarcimento pelos danos causados, a perda da função pública, a suspensão dos direitos políticos, a imposição de multa pecuniária e ainda eventuais proibições de contratar com o poder público ou receber benefícios fiscais. As punições estão sujeitas a prazo prescricional (art. 23, Lei nº 8429/92), inclusive em relação aos particulares,[333] salvo a sanção de ressarcimento pelos danos causados decorrente de conduta dolosa, que é imprescritível (art. 37, § 5º, CF/88):

> DIREITO CONSTITUCIONAL. DIREITO ADMINISTRATIVO. RESSARCIMENTO AO ERÁRIO. IMPRESCRITIBILIDADE. SENTIDO E ALCANCE DO ART. 37, § 5º, DA CONSTITUIÇÃO. 1. A prescrição é instituto que milita em favor da estabilização das relações sociais. 2. Há, no entanto, uma série de exceções explícitas no texto constitucional, como a prática dos crimes de racismo (art. 5º, XLII, CRFB) e da ação de grupos armados, civis ou militares, contra a ordem constitucional e o Estado Democrático (art. 5º, XLIV, CRFB). 3. O texto constitucional é expresso (art. 37, § 5º, CRFB) ao prever que a lei estabelecerá os prazos de prescrição para ilícitos na esfera cível ou penal, aqui entendidas em sentido amplo, que gerem prejuízo ao erário e sejam praticados por qualquer agente. 4. A Constituição, no mesmo dispositivo (art. 37, § 5º, CRFB) decota de tal comando para o Legislador as ações cíveis de ressarcimento ao erário, tornando-as, assim, imprescritíveis. 5. São, portanto, imprescritíveis as ações de ressarcimento ao erário fundadas na prática de ato doloso tipificado na Lei de Improbidade Administrativa. 6. Parcial provimento do recurso extraordinário para (i) afastar a prescrição da sanção de ressarcimento e (ii) determinar que o tribunal recorrido, superada a preliminar de mérito pela imprescritibilidade das ações de ressarcimento

---

[332] DI PIETRO, Maria Sylvia Zanella. *Direito administrativo*. 21. ed. São Paulo: Atlas, 2008, p. 788; SANTANNA, Gustavo. *Direito Administrativo*. 4. ed. Porto Alegre: Verbo jurídico, 2015, p. 382; MARTINS JÚNIOR, Wallace Paiva. Ação civil pública, improbidade administrativa e políticas públicas. In: MILARÉ, Édis (Coord.). *A ação civil pública após 25 anos*. São Paulo: Revista dos Tribunais, 2010, p. 869; STJ, REsp 515.554/MA, Rel. Ministra Denise Arruda, Primeira Turma, julgado em 18/05/2006, DJ 19/06/2006, p. 99. GAJARDONI, Fernando da Fonseca (*et al.*). *Comentários à lei de improbidade administrativa*. 2. ed. São Paulo: Revista dos Tribunais, 2012, p. 259. Em acurado estudo sobre o tema, José dos Santos Carvalho Filho conclui que a ação de improbidade tem por objeto a tutela de interesses transindividuais, mas nem por isso se confunde com a ação civil pública, já que os seus elementos e condições não são os mesmos. Por esse motivo, defende que vigora um regime de dualidade em que o regime jurídico processual dessas ações, apesar de semelhante, é distinto (CARVALHO FILHO, José dos Santos. Ação civil pública e ação de improbidade administrativa: unidade ou dualidade? In: MILARÉ, Édis (Coord.). *A ação civil pública após 25 anos*. São Paulo: Revista dos Tribunais, 2010, p. 497.).

[333] Súmula nº 634, STJ. Ao particular aplica-se o mesmo regime prescricional previsto na Lei de Improbidade Administrativa para o agente público (STJ, Primeira Seção, julgado em 12/06/2019, DJe 17/06/2019).

por improbidade administrativa, aprecie o mérito apenas quanto à pretensão de ressarcimento (RE 852475, Relator Min. Alexandre de Moraes, Relator p/ Acórdão: Min. Edson Fachin, Tribunal Pleno, julgado em 08/08/2018)

2. Cabimento

O objeto da ação é a improbidade administrativa, expressão empregada para tratar da corrupção administrativa que se perfaz com a prática de ilegalidade (violação à ordem jurídica) e o desvirtuamento da função pública. São, portanto, dois elementos conjugados: ilegalidade e desvirtuamento da função pública. Em complemento, o autor da demanda deverá alegar a presença de algum ato de improbidade administrativa. A concreta identificação quanto à presença de algum ato caracterizado como ímprobo diz respeito ao mérito da demanda.

As modalidades de ato de improbidade são as seguintes: enriquecimento ilícito, lesão ao erário e violação aos princípios da administração pública.[334] A LC 157/16 criou nova hipótese de ato de improbidade e que consiste em "qualquer ação ou omissão para conceder, aplicar ou manter benefício financeiro ou tributário" de forma contrária ao que dispõe a legislação de regência (art. 10-A, Lei nº 8.429/92). Há também corrente doutrinária que defende uma quarta modalidade de ato de improbidade que é aquele relativo à ordem urbanística, previsto nos incisos do art. 52 da Lei nº 10.257/11 (Estatuto das Cidades). Resumidamente, os atos que serão objeto de discussão na ação de improbidade são os seguintes:

(1º) ***Enriquecimento ilícito***: o enriquecimento ilícito consiste no ato de improbidade mais grave. Nestas hipóteses, não se exige lesão aos cofres públicos. É dispensável o dano ao erário. De todo modo, o catálogo legal tem como núcleo "auferir vantagem patrimonial indevida" em razão da condição do agente. Quanto ao elemento objetivo, as condutas que ensejam enriquecimento ilícito estão exemplificadas nos incisos do art. 9º da Lei nº 8.429/92. Quanto ao elemento subjetivo, o ato é punido apenas por dolo (vontade e consciência de praticar o ato). Praticado o ato com culpa (violação de um dever objetivo de cuidado), haverá infração funcional, mas não haverá improbidade.

(2º) ***Lesão ao erário***: a lesão ao erário consiste no ato de improbidade que causa prejuízo patrimonial. Neste caso, a lei expressamente exige que haja um prejuízo/dano ao erário (patrimônio público). Aliás, a compreensão de erário é abrangente (patrimônio histórico, cultural, artísti-

---

[334] SANTANNA, Gustavo. *Direito Administrativo*. 4. ed. Porto Alegre: Verbo Jurídico, 2015, p. 374.

co, moral, paisagístico etc.). De fato, o catálogo legal tem como núcleo exatamente a "lesão ao erário". Quanto ao elemento objetivo, as condutas que ensejam lesão ao erário estão exemplificadas nos incisos do art. 10 da Lei nº 8.429/92. Quanto ao elemento subjetivo da lesão ao erário, o ato é punido com DOLO OU CULPA. Aliás, é o único caso em que o elemento subjetivo pode ser culpa. Quer dizer que se o agente cause prejuízo aos cofres públicos, mesmo "sem querer" (por negligência, imprudência ou imperícia) irá responder.

(3º) ***Violação aos princípios da administração pública***: a violação aos princípios da administração pública consiste no ato de improbidade decorrente de ação ou omissão que atinja os deveres de "honestidade, imparcialidade, legalidade, e lealdade às instituições" (art. 11). Trata-se de não atender à principiologia do Direito Administrativo. Os atos de violação a princípios são os menos graves e nem por isso os menos relevantes. As condutas vão descritas no art. 11 da Lei nº 8.429/92. Quanto ao elemento subjetivo do ato de improbidade por violação a princípio da administração, o ato é punido apenas por dolo. Exige-se dolo. Não se pune a violação culposa.

(4º) ***Violação à ordem urbanística***: discute-se se a violação à ordem urbanística é modalidade autônoma. Com efeito, o prefeito municipal incorre em ato improbidade administrativa quando realiza determinados atos relacionados com a ordem urbanística enquadrados em lei específica (art. 52, Lei nº 10.257/01 – Estatuto das Cidades). Quanto ao elemento subjetivo, o ato é punido apenas por dolo. Exige-se dolo. Não se pune a violação culposa.

(5º) ***Concessão ou aplicação indevida de benefício financeiro ou tributário***: a Lei Complementar 157/2016 incluiu na Lei de Improbidade Administrativa a "Seção II-A" estabelecendo outra conduta considerada ato de improbidade. Trata-se da concessão ou aplicação indevida de benefício financeiro ou tributário. A Lei Complementar 157/2016 surge no contexto de readequação fiscal decorrente da crise econômica do ano de sua edição. Ela modifica a LC 116/03 que dispõe sobre o ISSQN. Pontualmente, ela passa a estabelecer alíquota mínima de 2% para o imposto sobre serviços de qualquer natureza (art. 8º-A, *caput*) e veda a concessão de isenções, incentivos ou benefícios tributários ou financeiros, inclusive de redução de base de cálculo ou de crédito presumido ou outorgado que cause uma redução da carga tributária a valor inferior à alíquota mínima (art. 8º-A, § 1º). Considera, ainda, que é nula a lei que não respeite essas disposições (§ 2º), fato que dá direito ao fisco de buscar a restituição dos valores que deveriam ter sido pagos (§ 3º). Verifica-se, pois, que além da nulidade da lei que reduziria a carga tributária, haverá a prática de ato de improbidade administrativa (art. 10-A, Lei nº 8.429/92).

3. Legitimidade

A ***legitimidade ativa*** é do Ministério Público ou da pessoa jurídica lesada, isto é, o sujeito passivo do ato de improbidade (art. 1º, LIA). As potenciais "vítimas" do ato lesivo podem ser sumariadas da seguinte forma: (a) administração direta; (b) administração indireta; (c) empresas incorporadas (são aquelas adquiridas pelo poder público); (d) entidade para cuja criação ou custeio o erário haja concorrido ou concorra ainda com mais de 50% da receita anual; (e) entidade que receba subvenção, benefício, ou incentivo fiscal ou creditício de órgão público, bem como aquelas entidades para cuja criação ou custeio o erário haja concorrido ou concorra com menos de 50% do patrimônio ou da receita anual. Neste último caso, frise-se que a sanção será limitada à repercussão do ilícito sobre a contribuição dos cofres públicos. Além disso, se o ato não se relacionar com o patrimônio, o agente não estará sujeito às sanções da Lei nº 8.429/92.

Ainda quanto ao polo ativo, existe legitimidade concorrente entre o Ministério Público e a pessoa jurídica lesada.[335] Caso o MP não tenha dado início à ação, deverá obrigatoriamente participar do processo na condição de *custos legis* (art. 17, § 4º). Nada impede que o MP, cientificado acerca da demanda iniciada, solicite o ingresso na condição de litisconsorte ativo facultativo. De igual modo, se a demanda é iniciada pelo MP, a pessoa jurídica lesada deverá ser notificada para, querendo, ingressar no polo ativo em litisconsórcio ativo facultativo (art. 17, § 3º, c/c art. 6º, § 3º, Lei nº 4.717/65).

Embora minoritária, não se pode deixar de registrar a corrente minoritária favorável à legitimidade ativa da associações com base na adoção do microssistema de tutela coletiva, verdadeira aposta na sociedade civil para ampliar o combate à improbidade, especialmente à corrupção.[336]

A ***legitimidade passiva***, por sua vez, é daquele que tenha alegadamente cometido o ato de improbidade, isto é, o sujeito ativo do ato de improbidade (art. 2º, LIA). Trata-se do autor do ato ímprobo. Em

[335] CARVALHO FILHO, José dos Santos. *Manual de direito administrativo*. 30. ed. São Paulo: Atlas, 2016, p. 1168.

[336] "A participação efetiva das associações na seara da improbidade administrativa atende não só ao ideário de democracia participativa inaugurado pela atual Carta Política como também a conveniências de ordem prática, sendo necessário considerar que a pífia participação dos entes federados na repressão à improbidade vem acarretando um preocupante assoberbamento do Ministério Público, instituição que, não obstante o notório comprometimento público de seus integrantes, encontra hoje sérias dificuldades para responder, a contento, aos legítimos reclamos da sociedade" (GARCIA, Emerson; ALVES, Rogério Pacheco. *Improbidade Administrativa*. 6. ed. Rio de Janeiro: Lumen Juris, 2011, p. 773).

alguns casos, ele não pratica o ato em si, mas oferece sua colaboração, ciente da desonestidade do comportamento. Em outros, obtém benefícios, mesmo sabendo da origem escusa. Assim, pode figurar no polo passivo da demanda: (a) aquele que pratica o ato; (b) aquele que concorre para a prática do ato; (c) aquele que extrai vantagens indevidas do ato. Ademais, sempre há necessidade de presença de algum agente público.

4. Competência

A competência para processo e julgamento da ação de improbidade não é detalhada na Lei nº 8.429/92. Aplicam-se, assim, as regras gerais de competência previstas no Código de Processo Civil e já tratadas oportunamente. Em suma, é preciso identificar se há alguma regra que atraia a causa para os tribunais superiores; não havendo, verifica-se se a competência é da Justiça Especial (Eleitoral, Trabalhista ou Militar) ou da Justiça Comum (Estadual ou Federal); após, apura-se a presença de alguma regra de atração para a Justiça Federal, sendo que a Justiça Estadual tem caráter residual; na sequência, aprecia-se a instância de julgamento (primeiro grau ou segundo grau); por fim, identificam-se as regras de localidade (foro) e de juízo.

O primeiro critério apontado diz respeito a existência de alguma regra que atraia a causa para os tribunais superiores. Sobre esse assunto, houve intensa discussão doutrinária e jurisprudencial, pois, não raro, um agente acusado de ato de improbidade desfruta – na esfera criminal – de foro por prerrogativa de função. Pois que é então importante destacar que não se aplicam as regras de foro por prerrogativa de função à ação de improbidade administrativa. Consoante já apontado, trata-se de uma ação de natureza civil e que, portanto, deve respeito às regras de competência civil. A questão – que era realmente controversa – acabou pacificada nesse exato sentido pelo Supremo Tribunal Federal (STF, Pet 3240, Dje 21/08/2018).

> (...) 1. Os agentes políticos, com exceção do Presidente da República, encontram-se sujeitos a um duplo regime sancionatório, de modo que se submetem tanto à responsabilização civil pelos atos de improbidade administrativa, quanto à responsabilização político-administrativa por crimes de responsabilidade. Não há qualquer impedimento à concorrência de esferas de responsabilização distintas, de modo que carece de fundamento constitucional a tentativa de imunizar os agentes políticos das sanções da ação de improbidade administrativa, a pretexto de que estas seriam absorvidas pelo crime de responsabilidade. A única exceção ao duplo regime sancionatório em matéria de improbidade se refere aos atos praticados pelo Presidente da República, conforme previsão do art. 85, V, da Constituição. 2. O foro especial por prerrogativa de função

previsto na Constituição Federal em relação às infrações penais comuns não é extensível às ações de improbidade administrativa, de natureza civil. Em primeiro lugar, o foro privilegiado é destinado a abarcar apenas as infrações penais. A suposta gravidade das sanções previstas no art. 37, § 4º, da Constituição, não reveste a ação de improbidade administrativa de natureza penal. Em segundo lugar, o foro privilegiado submete-se a regime de direito estrito, já que representa exceção aos princípios estruturantes da igualdade e da república. Não comporta, portanto, ampliação a hipóteses não expressamente previstas no texto constitucional. E isso especialmente porque, na hipótese, não há lacuna constitucional, mas legítima opção do poder constituinte originário em não instituir foro privilegiado para o processo e julgamento de agentes políticos pela prática de atos de improbidade na esfera civil. Por fim, a fixação de competência para julgar a ação de improbidade no 1º grau de jurisdição, além de constituir fórmula mais republicana, é atenta às capacidades institucionais dos diferentes graus de jurisdição para a realização da instrução processual, de modo a promover maior eficiência no combate à corrupção e na proteção à moralidade administrativa. 3. Agravo regimental a que se nega provimento (STF, Pet 3240 AgR, Relator Min. Teori Zavascki, Relator p/ Acórdão: Min. Roberto Barroso, Tribunal Pleno, julgado em 10/05/2018).

O último critério citado diz respeito às regras de localidade e de juízo. Neste ponto, ainda persiste importante debate sobre qual o foro competente para julgamento da ação de improbidade. Uma primeira corrente doutrinária defende a aplicação do Código de Processo Civil, razão pela qual a competência deverá ser aferida conforme o local do ato ou fato se houver pretensão reparatória (art. 53, IV, *a*, CPC) ou conforme o domicílio do réu para os demais casos (art. 46, CPC).[337] Uma segunda corrente defende a aplicação do art. 2º da Lei da Ação Civil Pública, de sorte que a competência deverá ser aferida conforme o local do dano.[338] Ressalte-se que a discussão não é meramente acadêmica, pois, a depender da posição adotada, haverá competência relativa (primeira corrente) ou competência absoluta (segunda corrente).

5. Procedimento

A ação de improbidade administrativa pode ser antecedida de processo administrativo destinado a apurar a prática do ato de improbidade (art. 14-16, LIA).

[337] COSTA, Susana Henriques da. *O processo coletivo na tutela do patrimônio público e da moralidade administrativa*. São Paulo: Quartier Latin, 2009. p. 262.

[338] GARCIA, Emerson; ALVES, Rogério Pacheco. *Improbidade Administrativa*. 6. ed. Rio de Janeiro: Lumen Juris, 2011, p. 830; GAJARDONI, Fernando da Fonseca (*et al.*). *Comentários à lei de improbidade administrativa*. 2. ed. São Paulo: Revista dos Tribunais, 2012, p. 262; STJ, AgRg no REsp 1043307/RN, Rel. Ministro Herman Benjamin, Segunda Turma, julgado em 24/03/2009, DJe 20/04/2009

Cuida-se de um procedimento preparatório para eventual posterior ação judicial, iniciado mediante representação de qualquer pessoa perante a autoridade competente (art. 14, LIA) e que, em relação à apuração de servidores federais, observará o rito do processo disciplinar previsto na Lei nº 8.112/90 (art. 14, § 3º, LIA). Além disso, a comissão processante dará ciência do procedimento ao Ministério Público e ao Tribunal de Contas (art. 15), que poderão acompanhá-lo (art. 15, parágrafo único). A jurisprudência é igualmente favorável ao trâmite de procedimento administrativo diretamente perante o Ministério Público, mediante inquérito civil para apurar a prática de ato de improbidade.[339]

Havendo fundados indícios de responsabilidade no curso do processo administrativo, a autoridade administrativa poderá representar ao Ministério Público ou à procuradoria do órgão para que seja requerido, em juízo, o "sequestro dos bens" do agente terceiro que tenha enriquecido ilicitamente ou causado dano ao patrimônio público (art. 16).[340] Apesar da expressão "sequestro", é inegável que podem ser requeridas quaisquer medidas de caráter cautelar perante a autoridade judicial competente. O processo administrativo de apuração, por outro lado, não é uma condição para o ajuizamento de ação de improbidade administrativa.

O processo judicial, por sua vez, deverá observar o procedimento comum (art. 17). Nesse aspecto, o art. 17 da Lei nº 8.429/92, que faz alusão ao "rito ordinário", precisa ser interpretado de acordo com os procedimento previstos no Código de Processo Civil e o antigo "rito ordinário" corresponde ao atual "procedimento comum". A preponderância do Código de Processo Civil, contudo, não deve ser considerada absoluta, notadamente para os adeptos da concepção segundo a qual a ação de improbidade administrativa seria uma espécie de ação civil pública. Segundo essa corrente, deverá prevalecer a aplicação da Lei nº 7.347/85 em detrimento do CPC. Algumas adaptações também decorrerão da aplicação da própria Lei nº 8.429/92.

As principais etapas do procedimento relativo à ação de improbidade administrativa podem ser detalhadas da seguinte forma:

(1º) ***Petição inicial***: a inicial deve ser instruída "com documentos ou justificação que contenham indícios suficientes da existência do ato de improbidade ou com razões fundamentadas da impossibilidade de apresentação de qualquer dessas provas" (art. 17, § 6º, LIA). Normal-

---

339 STJ, RMS 37.151/SP, Rel. Ministro Napoleão Nunes Maia Filho, Rel. p/ Acórdão Ministro Sérgio Kukina, Primeira Turma, julgado em 07/03/2017, DJe 15/08/2017.

340 SANTANNA, Gustavo. *Direito Administrativo*. 4. ed. Porto Alegre: Verbo Jurídico, 2015, p. 381.

mente, conterá dois pedidos: o primeiro é o pedido originário, de natureza declaratória em que se busca o reconhecimento da conduta de improbidade; o segundo é o pedido subsequente, de natureza condenatória, para que sejam impostas as sanções cabíveis ao agente.[341] No mais, aplicam-se as regras gerais (art. 319-320, CPC). Em razão do maior rigor na admissibilidade da ação, "a petição inicial não pode expor fatos genéricos, mas, ao contrário, deve conter elementos sólidos que comprovem a existência de indícios quanto à tipicidade da conduta e à viabilidade da acusação".[342]

(2º) ***Defesa preliminar***: antes de qualquer outra providência, o réu será notificado para manifestação escrita e documentos em 15 dias antes do recebimento da inicial. Trata-se, pois, de uma defesa preliminar que antecede à formalização da citação. Vale lembrar que para o STF, a ausência de notificação para defesa preliminar no processo penal é nulidade relativa e que não necessariamente causa a nulidade de todo o processo subsequente, posição que foi estendida à ação de improbidade administrativa pelo Superior Tribunal de Justiça[343] e é também aceita por uma parcela da doutrina.[344]

(3º) ***Posturas do juiz***: após a apresentação de defesa preliminar, o magistrado deve deliberar acerca do recebimento ou não da petição inicial. Uma vez mais, aplicam-se as regras gerais previstas no Código de Processo Civil. Contudo, há uma importante diferença atinente à admissibilidade da ação. É prevalente no Superior Tribunal de Justiça que, além das condições da ação (interesse e legitimidade), deverá estar demonstrada a existência de "justa causa" para o ajuizamento da demanda, o que significa um lastro probatório mínimo acerca do ato de improbidade que é imputado ao réu.[345] Trata-se, novamente, de uma indevida analogia com o processo penal. Com uma redação sofrível, há regra no sentido de que o juiz "rejeitará a ação, se convencido da inexistência do ato de improbidade, da improcedência da ação ou da inadequação da via eleita" (art. 17, § 8º, LIA). Isto quer dizer, na prática, a possibilidade de controle da petição inicial com a inadmissibilidade da demanda ou com o julgamento imediato do mérito se o pedido for manifestamente

---

[341] CARVALHO FILHO, José dos Santos. *Manual de direito administrativo*. 30. ed. São Paulo: Atlas, 2016, p. 1169.

[342] Idem, p. 1171.

[343] STJ, EREsp 1008632/RS, Rel. Ministro Mauro Campbell Marques, Primeira Seção, julgado em 11/02/2015, DJe 09/03/2015

[344] "Se pelos elementos dos autos, restar evidenciado que a demanda possui fundamento, não há como afirmar que houve prejuízo. Teria que ser afirmado e provado que com a apresentação da defesa preliminar (fase não atendida) haveria como consequência uma decisão pela inadmissibilidade quanto ao processamento da ação de improbidade administrativa. Ilógico retornar à estaca zero do feito sem a demonstração de que a supressão de uma fase causou prejuízo". GAJARDONI, Fernando da Fonseca (*et al.*). *Comentários à lei de improbidade administrativa*. 2. ed. São Paulo: Revista dos Tribunais, 2012, p. 284.

[345] STJ, REsp 952.351/RJ, Rel. Ministro Napoleão Nunes Maia Filho, Primeira Turma, julgado em 04/10/2012, DJe 22/10/2012.

improcedente. Seja como for, é somente após o recebimento da petição inicial que o réu será citado para apresentar contestação no prazo legal.

(4º) ***Tutela provisória***: em razão da aplicação do Código de Processo Civil, é plenamente admissível que sejam requeridas medidas de urgência ou outras formas de tutela provisória.[346] A decretação de medidas cautelares, conforme já estudado, pode ocorrer inclusive antes da propositura da ação (art. 16). Há também regra expressa sobre o pedido de indisponibilidade de bens (art. 7º). E ao interpretar o art. 7º da Lei nº 8.492/92, o STJ entendeu que a "decretação de indisponibilidade dos bens não se condiciona à comprovação de dilapidação efetiva ou iminente de patrimônio, porquanto visa, justamente, a evitar dilapidação patrimonial futura".[347] Mais: o STJ já decidiu que essa medida pode alcançar bens adquiridos antes do ilícito se necessário para o ressarcimento do dano.[348]

- **Indisponibilidade de bens**: conforme adiantado, pode ser requerida mesmo antes do ajuizamento da demanda. Além disso, para a jurisprudência, não se exige a demonstração do *periculum in mora* (que estaria implícito em razão do art. 6º da Lei nº 8.429/92).[349] Ainda conforme o STJ, a indisponibilidade pode ser decretada sem a oitiva do réu. A indisponibilidade pode recair sobre bens pretéritos do réu e mais, já se apontou que "o caráter de bem de família" não obsta a determinação de indisponibilidade já que a medida ainda não implica expropriação.[350]

(5º) ***Posturas do réu***: após o recebimento da petição inicial, o réu será citado para apresentar contestação. O prazo para contestar é de quinze dias, tal como prevê o Código de Processo Civil. Na contestação, podem ser apresentadas todas as defesa processuais e de mérito. Diante das inovações trazidas pelo CPC atual, também devem ser alegadas as matérias que anteriormente dependiam de exceções autuadas em apartado. Assim, por exemplo, a alegação de incompetência deve ser versada como preliminar da contestação.

---

[346] Detalhando quais sanções admitem antecipação, vide: ASSIS, Araken de. Medidas de urgência na ação por improbidade administrativa. In: MARQUES, Mauro Luiz Campbell (Coord.). *Improbidade administrativa*: temas atuais e controvertidos. Rio de Janeiro: Forense, 2017, p. 47.

[347] STJ, AgRg no REsp 1460770/PA, Rel. Ministro Herman Benjamin, Segunda Turma, julgado em 05/05/2015, DJe 21/05/2015.

[348] STJ, REsp 762.894/GO, Rel. Ministra Denise Arruda, Primeira Turma, julgado em 24/06/2008, DJe 04/08/2008.

[349] STJ, AgRg no REsp 1229942/MT, Rel. Ministro Mauro Campbell Marques, Segunda Turma, julgado em 06/12/2012, DJe 12/12/2012. Contra: ASSIS, op. loc. cit., p. 50; GAJARDONI, Fernando da Fonseca (*et al.*). *Comentários à lei de improbidade administrativa*. 2. ed. São Paulo: Revista dos Tribunais, 2012, p 246.

[350] STJ, REsp 1204794/SP, Rel. Ministra Eliana Calmon, Segunda Turma, julgado em 16/05/2013, DJe 24/05/2013.

(6º) ***Instrução***: após as posturas do réu e a manifestação do Ministério Público (que se não for parte deverá participar obrigatoriamente), o processo tem seguimento com as fases de saneamento e de instrução. Uma vez mais, aplica-se o regramento do procedimento comum e as suas disposições atinentes às providências preliminares, inclusive quanto à decisão de saneamento (art. 357, CPC). Após o saneamento, havendo a necessidade de dilação probatória, o processo continua com a fase de instrução. Para tanto, poderá ser realizada audiência de instrução ou mesmo realizadas outras provas (arts. 369-484, CPC). A única diferença procedimental diz respeito à prova oral, na medida em que deve ser aplicada o art. 221, *caput* e § 1º, do Código de Processo Penal, por força do art. 17, § 12, da própria Lei nº 8.492/92.[351] Em razão disso, algumas autoridades possuem a prerrogativa de ajustar previamente o local, dia e hora da sua inquirição ou, mesmo, optar pela prestação de depoimento por escrito.[352]

- **Questão**: *É possível transação em ação de improbidade administrativa?* Trata-se de tema polêmico. Na redação originária, há previsão expressa de que "é vedada a transação, acordo ou conciliação" nas ações de improbidade (art. 17, § 1º, LIA). O dispositivo, contudo, foi revogado por medida provisória que, posteriormente, perdeu a vigência (MP 703/15). Assim, subsiste a redação originária quanto à vedação de medidas de autocomposição em matéria de improbidade. Na doutrina, alguns defendem a indisponibilidade "dos interesses em jogo" a inviabilizar tratativas conciliatórias.[353] Outros defendem a possibilidade de transação para alguns casos, como nos casos em que se busca apenas a reparação do dano ou a restituição do acréscimo patrimonial indevido.[354] Para deixar a polêmica ainda mais acirrada, a Lei nº 13.964/19 trouxe nova redação para o dispositivo passou a permitir "a celebração de acordo de não persecução cível nos termos desta Lei" (art. 17, § 1º, LIA com redação dada pela Lei nº 13.964/19). Ocorre que o artigo que detalhava os critérios para a celebração do

[351] SANTANNA, Gustavo. *Direito Administrativo*. 4. ed. Porto Alegre: Verbo Jurídico, 2015, p. 386.

[352] Art. 221, CPP. O Presidente e o Vice-Presidente da República, os senadores e deputados federais, os ministros de Estado, os governadores de Estados e Territórios, os secretários de Estado, os prefeitos do Distrito Federal e dos Municípios, os deputados às Assembleias Legislativas Estaduais, os membros do Poder Judiciário, os ministros e juízes dos Tribunais de Contas da União, dos Estados, do Distrito Federal, bem como os do Tribunal Marítimo serão inquiridos em local, dia e hora previamente ajustados entre eles e o juiz. § 1º O Presidente e o Vice-Presidente da República, os presidentes do Senado Federal, da Câmara dos Deputados e do Supremo Tribunal Federal poderão optar pela prestação de depoimento por escrito, caso em que as perguntas, formuladas pelas partes e deferidas pelo juiz, lhes serão transmitidas por ofício.

[353] GARCIA, Emerson; ALVES, Rogério Pacheco. *Improbidade Administrativa*. 6. ed. Rio de Janeiro: Lumen Juris, 2011, p. 865.

[354] GAJARDONI, Fernando da Fonseca (*et al.*). *Comentários à lei de improbidade administrativa*. 2. ed. São Paulo: Revista dos Tribunais, 2012, p. 271.

acordo foi objeto de veto presidencial, deixando um verdadeiro vácuo legislativo quanto ao método de celebração desses acordos.[355]

(7º) ***Sentença***: não há grandes particulares na sentença da ação de improbidade administrativa. Trata-se do pronunciamento judicial que põe fim à fase de conhecimento com a apreciação do mérito da causa ou não. Assim, é possível que haja sentença terminativa e sentença definitiva (de mérito) na ação de improbidade administrativa. A sentença que julga improcedente o pedido é meramente declaratória, reconhecendo que a pretensão buscada pela parte autora não é devida. Já a sentença de procedência poderá ter variados perfis e normalmente irá reconhecer a existência do ato de improbidade (eficácia declaratória) e impor as penalidades cabíveis e previstas em lei (eficácia condenatória). Para aqueles que consideram a ação de improbidade uma espécie de ação civil pública, não será cabível, na sentença, condenação a parte autora em honorários advocatícios, custas ou outras despesas processuais, salvo comprovado má-fé (art. 17 da Lei nº 7.347/85). Por outro lado, prevaleceu no Superior Tribunal de Justiça que a sentença de primeiro grau, seja terminativa ou de mérito, está sujeita à remessa necessária por aplicação subsidiária do Código de Processo Civil e aplicação analógica do art. 19 da Lei nº 4.717/65.[356]

(8º) ***Recursos e impugnações***: aplicam-se, em larga medida, as regras gerais do Código de Processo Civil em matérias recursal. Assim, por exemplo, as decisões interlocutórias previstas no art. 1.015 do CPC são passíveis de controle imediato por meio de agravo de instrumento e a sentença, em qualquer caso, está sujeita a controle por apelação. É possível a utilização dos demais recursos cíveis, desde que preenchidos os seus requisitos de admissibilidade (embargos de declaração, recurso espe-

[355] Confira-se a redação do artigo vetado: "Art. 17-A. O Ministério Público poderá, conforme as circunstâncias do caso concreto, celebrar acordo de não persecução cível, desde que, ao menos, advenham os seguintes resultados: I – o integral ressarcimento do dano; II – a reversão, à pessoa jurídica lesada, da vantagem indevida obtida, ainda que oriunda de agentes privados; III – o pagamento de multa de até 20% (vinte por cento) do valor do dano ou da vantagem auferida, atendendo a situação econômica do agente. § 1º Em qualquer caso, a celebração do acordo levará em conta a personalidade do agente, a natureza, as circunstâncias, a gravidade e a repercussão social do ato de improbidade, bem como as vantagens, para o interesse público, na rápida solução do caso. § 3º As negociações para a celebração do acordo ocorrerão entre o Ministério Público e o investigado ou demandado e o seu defensor. § 4º O acordo celebrado pelo órgão do Ministério Público com atribuição, no plano judicial ou extrajudicial, deve ser objeto de aprovação, no prazo de até 60 (sessenta) dias, pelo órgão competente para apreciar as promoções de arquivamento do inquérito civil. § 5º Cumprido o disposto no § 4º deste artigo, o acordo será encaminhado ao juízo competente para fins de homologação." As razões de veto foram as seguintes: "A propositura legislativa, ao determinar que o acordo também poderá ser celebrado no curso de ação de improbidade, contraria o interesse público por ir de encontro à garantia da efetividade da transação e do alcance de melhores resultados, comprometendo a própria eficiência da norma jurídica que assegura a sua realização, uma vez que o agente infrator estaria sendo incentivado a continuar no trâmite da ação judicial, visto que disporia, por lei, de um instrumento futuro com possibilidade de transação.".

[356] STJ, EREsp 1220667/MG, Rel. Ministro Herman Benjamin, Primeira Seção, julgado em 24/05/2017, DJe 30/06/2017 (Info 607, STJ).

cial, recurso extraordinário etc.). Como não há regra específica acerca do efeito suspensivo, muitos defendem a utilização do art. 14 da Lei nº 7.347/85, de sorte que esse efeito não é automático e dependerá de estipulação judicial.[357] Há que se ponderar, contudo, que alguns efeitos da sentença (perda da função e suspensão dos direitos políticos) somente podem ser obtidos após o trânsito em julgado (art. 20, Lei nº 8.429/92).

(9º) ***Cumprimento***: o cumprimento da sentença segue as regras gerais presentes na execução civil com a adoção das técnicas executórias necessárias para a obtenção do resultado prático pretendido na ação de improbidade administrativa, especialmente no que diz respeito à implementação das sanções a que tenha sido condenado o réu. Para os defensores da ausência de efeito suspensivo automático aos recurso, será admissível o imediato cumprimento provisório da decisão.

6. Efeitos (da decisão)

A sentença de procedência, conforme já destacado, pode assumir variadas feições. Ela sempre terá relevante caráter declaratório ao reconhecer a existência do ato de improbidade. Além disso, terá "predominante força condenatória"[358] ao impor as sanções previstas em lei para o agente que tenha cometido o ato de improbidade.

As sanções principais são **seis**, e muitas delas possuem gradação legalmente prevista. Caberá ao magistrado definir quais penas devem ser aplicadas e qual será a gradação. Para o STJ, inclusive, não é preciso aplicar todas as penas, mas apenas aquelas necessárias diante do caso concreto. Há, portanto, uma margem de atuação do magistrado. Cumpre lembrar que não é possível aplicar as penas de uma modalidade para a outra.

A aplicação das sanções: (a) independe da efetiva ocorrência do dano ao patrimônio público (em sentido econômico), salvo quanto à "pena" de ressarcimento; (b) independe da aprovação ou rejeição das contas pelo órgão de controle interno ou pelo Tribunal de Contas (art. 21, LIA). Porém, nos casos de rejeição das contas ou aprovação com ressalvas, há evidente indício de ato de improbidade, impondo-se a

[357] Ao comentar o tema, Luiz Manoel Gomes Júnior e Rogério Favreto destacam que essa interpretação favorece a efetividade e mitiga recursos meramente protelatórios, "já que a decisão produzirá efeitos imediatamente". E prosseguem: "Em um país em que a impunidade é a regra, faz toda a diferença poder a decisão judicial ser executada de forma imediata" (GAJARDONI, Fernando da Fonseca (*et al.*). *Comentários à lei de improbidade administrativa*. 2. ed. São Paulo: Revista dos Tribunais, 2012, p. 290).

[358] ASSIS, Araken de. Medidas de urgência na ação por improbidade administrativa. In: MARQUES, Mauro Luiz Campbell (Coord.). *Improbidade administrativa*: temas atuais e controvertidos. Rio de Janeiro: Forense, 2017, p. 47.

comunicação dessa decisão ao órgão competente. A seguir, peculiaridades sobre cada sanção:

(1º) ***Devolução do acréscimo ilícito***: no enriquecimento ilícito, tanto o agente como terceiros podem se beneficiar do ato de improbidade. Esse acréscimo ilícito ao patrimônio deve ser devolvido à administração. Relevante lembrar que no caso de lesão ao erário (art. 10), a pena de devolução do acrescido apenas se refere ao terceiro, pois, se o agente houvesse se enriquecido ilicitamente, seria modalidade mais grave de improbidade (enriquecimento ilícito – art. 9º). É a conduta do agente que define a modalidade.

(2º) ***Ressarcimento***: trata-se da necessidade de ressarcir a administração pública pela violação havida. Em síntese, é a "indenização" pelo ato contrário à probidade. Quando houver **dano material**, há necessidade de ressarcimento integral do dano. Além disso, admite-se na doutrina que haja indenização por **dano moral** na ação de improbidade.[359] Em matéria de ressarcimento, há quem diga que não se trata propriamente de uma sanção, posto que o ressarcimento se resolveria na esfera da responsabilidade civil. A pretensão ao ressarcimento, quando dolosa a conduta, é imprescritível.[360]

(3º) ***Perda da função pública***: trata-se de sanção que atinge os agentes públicos e não se estende a terceiros. Ela abrange servidores públicos e agentes públicos. A perda da função é gênero que abrange: (a) perda de mandato (cassação); (b) perda de cargo (demissão); (c) perda de emprego (rescisão contratual por culpa do empregado); (d) perda de função (revogação de designação). A perda da função pública somente pode ser aplicada após o trânsito em julgado da ação de improbidade (art. 20, LIA), fato que não impede o afastamento (cautelar) do agente durante o curso do processo. Questão polêmica de direito material diz respeito a qual função é perdida: a atual ou apenas a função anterior que serviu de instrumento para a prática da improbidade.[361]

(4º) ***Suspensão dos direitos políticos***: a suspensão dos direitos políticos não é automática (como ocorre na esfera criminal). É preciso que haja comando judicial nesse sentido. Além disso, a suspensão dos direitos políticos somente poderá ocorrer com o trânsito em julgado da ação de improbidade (art. 20, LIA).

---

[359] GAJARDONI, Fernando da Fonseca (*et al.*). *Comentários à lei de improbidade administrativa*. 2. ed. São Paulo: Revista dos Tribunais, 2012, p. 301.

[360] STF, RE 852475, Relator Min. Alexandre de Moraes, Relator p/ Acórdão: Min. Edson Fachin, Tribunal Pleno, julgado em 08/08/2018.

[361] Lamentavelmente, prestigiando a manutenção de agente ímprobo do serviço público, a 3ª Turma do STJ, em decisão recente, considerou que a perda do cargo público prevista no art. 12 da Lei n. 8.429/92, não está relacionada ao cargo ocupado pelo agente ímprobo ao tempo do trânsito em julgado da sentença condenatória, mas sim àquele (cargo) que serviu de instrumento para a prática da conduta ilícita (STJ, REsp 1766149/RJ, Rel. Ministra Regina Helena Costa, Rel. p/ Acórdão Ministro Gurgel de Faria, Primeira Turma, julgado em 08/11/2018, DJe 04/02/2019).

(5º) ***Multa civil***: a multa é a punição pecuniária em razão da prática do ato ímprobo. A multa tem natureza civil (sanção civil) e não tem caráter indenizatório. A depender da modalidade, haverá diferente "base de cálculo" e "alíquota". Assim, no enriquecimento ilícito a multa é de até 3x do valor acrescido; na lesão ao erário é de até 2x do valor da lesão; na violação a princípio é de até 100x o valor da remuneração mensal do agente público envolvido. O produto da multa é destinado à pessoa jurídica lesada pelo ato de improbidade.

(6º) ***Proibição de contratar e de receber benefícios fiscais e creditícios***: trata-se de sanção que impõe ao agente a vedação de figurar em relação contratual com a administração e receber benefício. Essa penalidade gera, *ipso facto*, o impedimento de participar de procedimentos licitatórios (pressuposto para a celebração de contratos administrativos). Essa penalidade, porém, não impede a concessão de benefícios fiscais gerais (ex: isenção geral) já que haveria violação ao princípio da impessoalidade tributária.

Por fim, a autoridade da coisa julgada é tema mais problemático em razão da ausência de um tratamento próprio na Lei nº 8.492/92. Em razão da carência de uma previsão legal específica, abrem-se duas vertentes possíveis: (a) adoção do regime jurídico tradicional da coisa julgada previsto no Código de Processo Civil;[362] (b) adoção do regime jurídico presente no microssistema de tutela coletiva, especialmente as regras da Lei nº 8.078/90 (CDC) e da Lei nº 7.347/85 (LACP).[363] Essa última alternativa pode ser considerada prevalente na doutrina. Assim, todas as considerações já apontadas anteriormente acerca da autoridade da coisa julgada no âmbito da ação civil pública valem também para a ação de improbidade administrativa.[364]

---

[362] COSTA, Susana Henriques da. *O processo coletivo na tutela do patrimônio público e da moralidade administrativa*. 2. ed. São Paulo: Atlas, 2015.

[363] GARCIA, Emerson; ALVES, Rogério Pacheco. *Improbidade Administrativa*. 6. ed. Rio de Janeiro: Lumen Juris, 2011, p. 975; GAJARDONI, Fernando da Fonseca (*et al.*). *Comentários à lei de improbidade administrativa*. 2. ed. São Paulo: Revista dos Tribunais, 2012, p. 297. Há posição intermediária que defende um regime misto da coisa julgada na ação de improbidade a depender do capítulo da sentença. Nesse sentido, quanto às sanções, deveria ser considerado o regime jurídico geral da coisa julgada; mas quanto ao ressarcimento, deveria prevalecer o regime jurídico da tutela coletiva (DIDIER JUNIOR, Fredie; ZANETTI, Hermes. *Curso de direito processual civil*, vol. 4. 7. ed. Salvador: JusPodivm, 2012, p. 386).

[364] Nessa linha, a sentença de improcedência por insuficiência de provas não ocasionará a formação da coisa julgada material na ação de improbidade administrativa (ZAVASCKI, Teori Albino. *Processo coletivo*: tutela de direitos coletivos e tutela coletiva de direitos. 7. ed. São Paulo: Revista dos Tribunais, 2017, p. 129).

Capítulo 9

Reclamação

1. Conceito

A reclamação é o instrumento jurídico que permite ao interessado obter a preservação da competência e a garantia da autoridade da decisão de um tribunal mediante direta provocação à Corte cuja competência ou autoridade tenha sido violada.[365]

- **Natureza jurídica**: discute-se na doutrina a natureza jurídica da reclamação desde longa data.[366] Alguns a consideram um recurso, outros defendem que se trata de um ação e há, ainda, outros que apontam ser ela mero exercício do direito de petição. Essa última posição já foi defendida pelo STF (ADI 2212; ADI 2480). Com o advento do atual Código de Processo Civil, há uma tendência doutrinária em considerar a reclamação uma ação. Em decisão mais recente, o STF reconheceu a possibilidade de condenação em honorários na reclamação, o que parece confirmar essa tendência (RCL nº 24417).[367]

A reclamação, após ampla evolução histórica, passa por uma "fase de ampliação" com o advento do atual Código de Processo Civil.[368] Fruto de criação jurisprudencial,[369] ela tinha respaldo na teoria dos poderes implícitos (*implied powers*), e conferia o direito de vindicar o fiel cumprimento das decisões do Supremo Tribunal Federal.[370] Trata-se,

---

[365] Essa definição corresponde aos limites de cabimento da reclamação propostos Marcelo Navarro Ribeiro Dantas em fórmula que ainda pode ser considerada atual (DANTAS, Marcelo Navarro Ribeiro. *Reclamação constitucional no direito brasileiro*. Porto Alegre: SAFE, 2000, p. 482).

[366] STF, Rcl 336, Relator Min. Celso De Mello, Tribunal Pleno, julgado em 19/12/1990.

[367] A 1ª Turma do STF, em outro julgamento, foi expressa em apontar que "a reclamação é uma autêntica ação" (STF, Rcl 1728 CumpSent, Relator Min. Luiz Fux, Primeira Turma, julgado em 24/11/2015).

[368] ABBOUD, Georges; VAUGHN, Gustavo Fávero. Notas críticas sobre a reclamação e os provimentos judicias vinculantes do CPC. *Revista de Processo*, São Paulo, v. 44, n. 287, p. 409-441, jan. 2019. Sobre as "fases" anteriores da reclamação, vide: PACHECO, José da Silva. *Mandado de segurança e outras ações constitucionais típicas*. 6. ed. São Paulo: Revista dos Tribunais, 2012, p. 554-561.

[369] MENDES, Gilmar Ferreira; BRANCO, Paulo Gustavo Gonet. *Curso de direito constitucional*. 8. ed. São Paulo: Saraiva, 2013, p. 1305.

[370] STF, Rcl 141 AgR-AgR, Relator Min. Rocha Lagoa, Tribunal Pleno, julgado em 05/09/1951.

portanto, de mais um instrumento jurídico de controle dos atos do Poder Público, sejam eles atos administrativos ou decisões judiciais.

A reclamação, contudo, não é um sucedâneo recursal.[371] Tradicionalmente, ela era denominada "reclamação constitucional", já que a sua origem e características essenciais decorriam do texto constitucional.[372] Com o detalhamento infralegal levado a cabo pelo CPC, é natural que a nomenclatura seja simplificada para "reclamação",[373] muito embora esteja inserida "dentro da chamada jurisdição constitucional".[374]

2. Cabimento

O cabimento da reclamação é inicialmente detalhado no texto constitucional ao prever que a preservação da competência e a garantia da autoridade do Supremo Tribunal Federal, do Superior Tribunal de Justiça e do Tribunal Superior do Trabalho pode ser assegurada por meio de reclamação (art. 102, I, *l*; art. 105, I, *f*; art. 111-A, § 3º, CF/88). Com a Emenda Constitucional 45/2004 a reclamação também se tornou cabível para anular ato administrativo ou cassar decisão judicial contrários a entendimento consolidado por meio de Súmula Vinculante (art. 103-A, § 3º, CF/88; art. 7º, Lei nº 11.417/06).

O Código de Processo Civil ampliou sobremaneira as hipóteses de cabimento da reclamação. Além de considerá-la admissível em face do desrespeito de decisão de qualquer tribunal (art. 988, § 1º, CPC), a codificação processual prevê que a reclamação será cabível para: (a) preservar a competência do tribunal; (b) garantir a autoridade das decisões do tribunal; (c) garantir a observância de enunciado de súmula vinculante e de decisão do Supremo Tribunal Federal em controle concentrado de constitucionalidade; (d) garantir a observância de acórdão proferido em julgamento de incidente de resolução de demandas repetitivas ou de incidente de assunção de competência (art. 988, *caput*, CPC). Essas hipóteses, por outro lado, podem ser consideradas como um detalhamento daquilo que já vinha previsto no texto

---

[371] ABBOUD, Georges. *Processo constitucional brasileiro*. 2. ed. São Paulo: Revista dos Tribunais, 2018, p. 792.

[372] DANTAS, Marcelo Navarro Ribeiro. *Reclamação constitucional no direito brasileiro*. Porto Alegre: SAFE, 2000, p. 315.

[373] Com essa mesma denominação: ASSIS, Araken de. *Manual dos recursos*. 8. ed. São Paulo: Revista dos Tribunais 2016, p. 1057.

[374] DANTAS, Marcelo Navarro Ribeiro. *Reclamação constitucional no direito brasileiro*. Porto Alegre: SAFE, 2000, p. 466.

constitucional: preservação da competência e garantia da autoridade dos tribunais.

A doutrina majoritária indica que o instrumento é cabível tanto para confrontar decisões judiciais como atos da administração pública.[375] Ocorre que as hipóteses de cabimento do Código de Processo Civil não fazem qualquer referência a "ato da administração pública", razão pela qual, em princípio, somente seria cabível reclamação contra ato administrativo que contrarie enunciado de Súmula Vinculante (art. 7º da Lei nº 11.417/06).

A ampliação das hipóteses de cabimento parece estar relacionada com a valorização dos precedentes judiciais, franqueando aos litigantes acesso direto e célere às instâncias superiores para fazer valer entendimento já fixado em casos anteriores.[376] De um lado, tem a vantagem de operar como instrumento de fortalecimento da autoridade dos tribunais. De outro lado, tem a desvantagem de enfraquecer o controle das decisões por meio de recursos e, a reboque, de incrementar a complexidade do sistema jurídico com a coexistência de instrumentos de controle internos (recursos) e externos (ações). Dirá o tempo sobre o acerto dessa escolha política. Por ora, cabe uma análise atenta das hipóteses de cabimento, sendo imprescindível reafirmar que a reclamação não é um sucedâneo recursal.

(1º) ***Preservar a competência do tribunal***: essa hipótese está diretamente relacionada com a competência de um tribunal. Assim, caso haja a usurpação da competência do tribunal por órgão judicial inferior, afigura-se cabível a reclamação.[377]

(2º) ***Garantir a autoridade da decisão do tribunal***: neste caso, exige-se que uma decisão do tribunal tenha sido desrespeitada, isto é, não observada em uma dada situação que exigia o seu cumprimento. De acordo como

---

[375] NEVES, Daniel Amorim Assumpção. *Ações constitucionais*. 4. ed. Salvador: Juspodivm, 2018, p. 266.

[376] Há entendimento doutrinário – minoritário – que inclusive defende que as hipóteses de cabimento se traduzem em rol exemplificativo. Nesse sentido: XAVIER, Carlos Eduardo Rangel. *Reclamação constitucional e precedentes judiciais*: contributo a um olhar crítico sobre o novo código de processo civil, de acordo com a Lei nº 13.256/2016. São Paulo: Revista dos Tribunais, 2016, p. 155.

[377] Em caso concreto que exemplifica essa hipótese, o STJ admitiu a reclamação contra decisão de tribunal inferior que não conheceu de um recurso ordinário em mandado de segurança. Ocorre que, como este recurso segue as mesmas regras da apelação, não cabe ao juízo a quo realizar a sua admissibilidade, mas tão somente encaminhar os autos para que o juízo ad quem verifique se estão presentes os requisitos para o cabimento do recurso. Assim: "Diante da disposição expressa e atual, não remanesce nenhuma dúvida acerca da competência exclusiva desta Corte Superior para analisar o preenchimento dos requisitos essenciais à admissibilidade do recurso ordinário, bem como para apreciação de seu mérito. Portanto, caracterizada a usurpação de competência deste Superior Tribunal de Justiça no que toca ao exercício do juízo de admissibilidade em recurso ordinário em mandado de segurança, o qual fora realizado pelo Tribunal a quo, sendo viável o manejo de reclamação". (STJ, Rcl 35.958-CE, Rel. Min. Marco Aurélio Bellizze, por unanimidade, julgado em 10/04/2019, DJe 12/04/2019).

o Supremo Tribunal Federal, contudo, não cabe reclamação sob alegação genérica de inobservância da jurisprudência consolidada (RCL nº 6135).[378] Há que estar presente, portanto, uma **relação direta** entre a decisão não cumprida e o ato que é atacado pela via da reclamação. É dizer, de outro modo, que o reclamante deve estar sujeito aos efeitos da decisão desrespeitada para que possa invocá-la a seu favor.

- **Decisões com efeito *erga omnes***: a decisão com efeito *erga omnes* atinge todas as pessoas, ainda que não tenham participado do processo, justificando o cabimento da reclamação inclusive por sujeitos que não tenham sido partes da relação processual. Isso explicaria a possibilidade de reclamação em face das decisões de controle concentrado e, também, em face de decisões proferidas em processo coletivo. Sob a égide do CPC/73, o cabimento de reclamação para respeito de decisão tomada em controle concentrado pelo Supremo Tribunal Federal tinha fundamento nessa hipótese (RE 730.462). Em síntese, decisões com efeito *erga omnes* justificam o ajuizamento de reclamação mesmo por aqueles que não eram partes do processo.
- **Decisões com efeito vinculante**: há, contudo, divergência sobre qual o elemento de eficácia da decisão cuja autoridade se quer preservar e que justificaria o cabimento da reclamação. Nesse sentido, há uma tendência doutrinária[379] e jurisprudencial[380] em identificar no efeito vinculante – e não no efeito *erga omnes* – a carga de eficácia que dá origem ao cabimento da reclamação.[381] Assim, em síntese, decisões com efeito vinculante cuja autoridade é violada justificariam o cabimento da reclamação, sendo o mais forte exemplo as decisões tomadas em controle concentrado de constitucionalidade.

(3º) ***Garantir a observância de Súmula Vinculante***: no sistema brasileiro, apenas o Supremo Tribunal Federal pode editar Súmulas Vinculantes. A Súmula Vinculante, uma vez editada, exige a conformação dos órgãos judiciais e administrativos ao entendimento nela firmado. Assim, caso não observado esse entendimento, será cabível reclamação ajui-

---

[378] Segundo trecho da ementa: "A reclamação constitucional (art. 102, I, *l*, da Constituição) não é meio de uniformização de jurisprudência. Tampouco serve como sucedâneo de recurso ou medida judicial eventualmente cabíveis para reformar decisão judicial. Não cabe reclamação constitucional por alegada violação de entendimento jurisprudencial, independentemente de ele estar consolidado na Súmula da Jurisprudência Dominante do Supremo Tribunal Federal ("Súmula Tradicional"). Hipótese na qual a orientação sumulada tida por ofendida não era vinculante, nos termos do art. 103-A, § 3º, da Constituição." (STF, Rcl 6135 AgR, Relator Min. Joaquim Barbosa, Tribunal Pleno, julgado em 28/08/2008).

[379] MENDES, Gilmar Ferreira; BRANCO, Paulo Gustavo Gonet. *Curso de direito constitucional*. 8. ed. São Paulo: Saraiva, 2013, p. 1308.

[380] "Somente são legitimados à propositura de reclamação constitucional àqueles prejudicados por atos contrários às decisões de eficácia vinculante e geral ou, ainda, a parte que compôs a relação jurídico-processual, onde a decisão, que se objetiva preservar, teve alcance apenas subjetivo" (STF, Rcl 18105 AgR, Relator Min. Ricardo Lewandowski, Segunda Turma, julgado em 26/08/2014).

[381] MENDES; BRANCO, op. loc. cit., p. 1308.

zada perante o Supremo Tribunal Federal. Neste casos, tanto decisão judicial como ato administrativo que venham a contrariar o enunciado justificam o manejo da reclamação (art. 7º, *caput*, Lei nº 11.417/06). Nestes casos, contudo, exige-se o "esgotamento das vias administrativas" para que a reclamação possa ser empregada (art. 7º, § 1º, Lei nº 11.417/06).

(4º) ***Garantir a observância de decisão tomada em controle concentrado pelo Supremo Tribunal Federal***: neste caso, houve uma escolha por limitar a reclamação ao controle concentrado de constitucionalidade e, ainda, aquele que é realizado pelo Supremo Tribunal Federal. O sistema de controle de constitucionalidade brasileiro é misto, com controle concentrado e controle difuso. O controle concentrado é realizado pelo STF e pelo tribunais estaduais. Estes últimos fiscalizam a constitucionalidade de leis municipais ou estaduais em face da Constituição Estadual. O STF, por sua vez, fiscaliza a constitucionalidade de quaisquer atos normativos em face da Constituição Federal por meio de ações típicas – ação direta de inconstitucionalidade, ação declaratória de constitucionalidade e ação de descumprimento de preceito fundamental. As ações de controle concentrado dão origem a decisões com efeito vinculante e erga omnes que, uma vez violadas, justificam o manejo de reclamação. O art. 988, § 4º, do CPC, prevê que está incluída na órbita do cabimento da reclamação tanto a aplicação indevida da tese firmada como a não aplicação da tese a casos em que seria aplicável. Na preciosa síntese de Alexandre Freitas Câmara: "desrespeita-se a eficácia vinculante de um enunciado de súmula vinculante ou de um precedente vinculante tanto nos casos em que não sejam eles aplicados quando deveriam sê-lo, como naqueles casos em que ele não deveriam ser aplicados mas o são".[382]

- **Teoria dos efeitos transcendentes dos motivos determinantes**: segundo essa teoria constitucional, os motivos determinantes que justificaram uma decisão tomada em controle concentrada são intensos o suficiente para produzir efeitos vinculantes e *erga omnes* aplicáveis a outros casos similares, mas não idênticos ao que deu origem à decisão tomada. Assim, uma norma jurídica similar a outra declarada inconstitucional poderia ser – à luz dos motivos determinantes – considerada igualmente inconstitucional. O STF chegou a adotar a teoria dos efeitos transcendentes dos motivos determinantes por um período (RCL nº 1987),[383] admitindo reclamação quando um órgão judicial não observasse os motivos já externados pela Corte ainda que o caso não fosse idêntico (exemplo: o tributo Z do município A é declarado inconstitucional pelo STF, por violação à Constituição; o município B cria o tributo Y com o mesmo vício; o contribuinte pede ao juiz de pri-

[382] CÂMARA, Alexandre Freitas. *O novo processo civil brasileiro*. 2. ed. São Paulo: Atlas, 2016, p. 488.

[383] STF, Rcl 1987, Relator Min. Maurício Corrêa, Tribunal Pleno, julgado em 01/10/2003; Rcl 2363, Relator Min. Gilmar Mendes, Tribunal Pleno, julgado em 23/10/2003.

meiro grau a declaração de inconstitucionalidade deste último, que é negada; neste caso, caberia reclamação com base na declaração de inconstitucionalidade do tributo Z). Atualmente, contudo, o STF passou a não mais adotar essa teoria, rejeitando inúmeras reclamações por entender que os motivos determinantes de uma declaração de inconstitucionalidade não produzem efeito vinculante apto a justificar a admissão da reclamação.[384] Já há, contudo, doutrina favorável a ressuscitar essa tese com base no art. 988, § 4º, do CPC ("as hipóteses dos incisos III e IV compreendem a aplicação indevida da tese jurídica e sua não aplicação aos casos que a ela correspondam").

(5º) ***Garantir a observância de decisão tomada em IRDR e IAC***: discute-se na doutrina se as decisões tomadas em IRDR ou IAC possuem efeito vinculante. Há, inclusive, posição doutrinária relevante que advoga a inconstitucionalidade de normas infraconstitucionais que venham a atribuir efeito vinculante a decisões judiciais, algo que apenas poderia ocorrer com previsão constitucional.[385] A codificação processual, contudo, prevê o cabimento de reclamação quando a decisão tomada em IRDR e IAC não é respeitada, dando a entender que existe um maior grau de vinculação para a decisão dessa natureza. Trata-se, uma vez mais, de uma aposta na solução única para demandas seriadas, com embate direto à litigiosidade repetitiva. Assim, firmada a tese em IRDR ou IAC, a sua observância se torna impositiva, sob pena de abrir a via da reclamação. O art. 988, § 4º, do CPC, prevê que está incluída na órbita do cabimento da reclamação tanto a aplicação indevida da tese firmada como a não aplicação da tese a casos em que seria aplicável.

(6º) ***Garantir a observância de tese firmada em recurso repetitivo, após o esgotamento das instâncias ordinárias***: antes da codificação processual atual, o STF havia firmado entendimento contrário ao cabimento de reclamação para fazer valer a autoridade de recurso extraordinário com repercussão geral.[386] O assunto, contudo, prossegue delicado, pois a hipótese fora incluída na redação originária do art. 988, IV, do CPC ("casos repetitivos"), mas recebeu alteração pela Lei nº 13.256/16. A mencionada lei, contudo, acabou por prever que será inadmissível a reclamação "proposta para garantir a observância de acórdão de recurso extraordinário com repercussão geral reconhecida ou de acórdão proferido em julgamento de recursos extraordinário ou especial repetitivos, quando não esgotadas as instâncias ordinárias" (art. 988, § 5º, II, CPC). *A contrario sensu*, acaba por considerar admissível a reclama-

---

[384] Assim: "É necessária a existência de aderência estrita do objeto do ato reclamado ao conteúdo das decisões paradigmáticas do STF para que seja admitido o manejo da reclamatória constitucional" (STF, Rcl 3294 AgR, Relator Min. Dias Toffoli, Tribunal Pleno, julgado em 03/11/2011). No mesmo sentido: STF, Rcl 30787 AgR, Relator Min. Cármen Lúcia, Segunda Turma, julgado em 22/03/2019.

[385] NERY JÚNIOR, Nelson; ABBOUD, Georges. Recursos para os Tribunais Superiores e a Lei nº 13.256/2016. *Revista de Processo*, São Paulo , v.41, n.257, p. 217-235, jul. 2016.

[386] STF, Rcl 10793, Relatora Min. Ellen Gracie, Tribunal Pleno, julgado em 13/04/2011.

ção quando já esgotadas as instâncias ordinárias. A grave contradição do sistema é que existe regramento próprio para que se observe a tese firmada em casos repetitivos após a interposição de recursos excepcionais (art. 1030, CPC) e também não cabe reclamação após o trânsito em julgado da decisão reclamada (art. 988, § 5º, I, CPC). Assim, das duas uma: ou foram esgotadas as instâncias ordinárias e houve o trânsito em julgado ou não foram esgotadas as instâncias ordinárias e deverá ser aplicada a sistemática dos casos repetitivos com a adequação da decisão reclamada à tese firmada. Em ambos os casos, a reclamação não seria cabível. Contudo, a interpretação corrente do art. 988, § 5º, II, do CPC tem levado ao entendimento de que é cabível reclamação em face de decisão que deixa de observar tese firmada em recurso especial ou extraordinário repetitivos após esgotadas as instâncias ordinárias.[387] E para escapar da contradição aqui citada, o Superior Tribunal de Justiça acabou por entender que só seria cabível a reclamação, nestes casos, quando já realizada o juízo de retratação e admitido o recurso excepcional pelo segundo grau de jurisdição.[388] Contraditoriamente, o STF admitiu reclamação contra acórdão do Superior Tribunal de Justiça que desproveu agravo interno e inadmitiu recurso extraordinário.[389] Para a mais alta Corte, seria cabível a reclamação após o agravo interno, porquanto esgotada a instância ordinária e inobservada a tese por parte do próprio Superior Tribunal de Justiça. Num sistema ideal, deveria ocorrer a adequação da decisão reclamada à tese firmada, bastando a aplicação do art. 1030 do CPC. Na prática, o que se vê é o descumprimento frequente, pelos tribunais inferiores, das teses firmadas em decisões de recursos repetitivos. A matéria, contudo, seguirá controvertida até que haja um posicionamento mais sólido dos tribunais superiores.[390]

- **Questão**: *É cabível reclamação se a violação se dá no âmbito dos Juizados Especiais?* Esse é mais um tema problemático cuja explicação não é simples. Vale lembrar que existem três sistemas de Juizados: (a) Estaduais; (b) Federais; (c) da Fazenda Pública, que também são es-

[387] ABBOUD, Georges. *Processo constitucional brasileiro*. 2. ed. São Paulo: Revista dos Tribunais, 2018, p. 796.

[388] STJ, AgRg na Rcl 32.945/RS, Rel. Ministro Reynaldo Soares da Fonseca, Terceira Seção, julgado em 22/02/2017, DJe 02/03/2017.

[389] Para o Relator: "Consoante fiz ver, a reclamação é o meio apropriado a impugnar, uma vez esgotadas as instâncias ordinárias, a observância, pelos demais tribunais, do regime da repercussão geral, descabendo articular com o manuseio desta, no caso, como sucedâneo recursal. Consoante o versado no § 5º, inciso II, do artigo 988 do Código de Processo Civil de 2015, o preenchimento do requisito está configurado a partir do desprovimento, na origem, do agravo interno interposto contra a inadmissão do extraordinário. Somente então é possível concluir materializada a usurpação da competência do Supremo ante a consideração equivocada, na origem, de entendimento surgido sob o ângulo da repercussão geral" (STF, Rcl 26874 AgR/SP, Rel. Min. Marco Aurélio, julgamento em 12.11.2019).

[390] O cabimento da reclamação para que seja examinada a aplicação supostamente indevida de precedente oriundo de recurso especial repetitivo foi afetada à Corte Especial do Superior Tribunal de Justiça, mas ainda não houve julgamento definitivo da matéria (STJ, RCL nº 36.476, Rel. Min. Nancy Andrighi).

taduais. Cada sistema é regulado por uma lei própria. A Lei dos Juizados Especiais Estaduais, contudo, por ser mais antiga, não prevê instrumentos de uniformização entre os diferentes juizados existentes. Além, conforme entendimento consolidado, não é cabível recurso especial no âmbito dos Juizados Especiais. Com a impossibilidade de acesso ao Superior Tribunal de Justiça, havia grave risco de decisões conflitantes entre as Turmas Recursais e os Tribunais Superiores. Para superar esse problema prático, de inexistência de órgão uniformizador no âmbito dos juizados estaduais, o STF acabou por definir que seria cabível reclamação ao STJ para garantir a autoridade das decisões deste quando as turmas recursais dos juizados estaduais deixassem de observar a jurisprudência da citada Corte.[391] A matéria foi posteriormente regulamentada pelo próprio STJ por meio da Resolução 12/2209.[392] Com o advento do atual Código de Processo Civil, houve a revogação do ato normativo com a edição da Resolução 03/2016 e que é a atual norma de regência. Segundo o art. 1º: "Caberá às Câmaras Reunidas ou à Seção Especializada dos Tribunais de Justiça a competência para processar e julgar as Reclamações destinadas a dirimir divergência entre acórdão prolatado por Turma Recursal Estadual e do Distrito Federal e a jurisprudência do Superior Tribunal de Justiça, consolidada em incidente de assunção de competência e de resolução de demandas repetitivas, em julgamento de recurso especial repetitivo e em enunciados das Súmulas do STJ, bem como para garantir a observância de precedentes". Conclui-se, assim, que é cabível reclamação em face de acórdão de Turma Recursal Estadual ou do Distrito Federal que deixe de observar a autoridade do STJ decorrente de: (a) incidente de assunção de competência; (b) incidente de resolução de demandas repetitivas (c) julgamento de recurso especial repetitivo e em enunciados das Súmulas do STJ; (d) garantir a observância de precedentes. Curiosamente, o órgão competente para apreciar essa reclamação são as Câmaras Reunidas ou a Seção Especializada dos Tribunais de Justiça, e não o STJ.

Além das hipóteses de cabimento da reclamação, o diploma processual traz alguns casos em que não é cabível a reclamação. Assim, não será admitida reclamação após o trânsito em julgado da decisão reclamada e não será admitida reclamação "proposta para garantir a observância de acórdão de recurso extraordinário com repercussão geral reconhecida ou de acórdão proferido em julgamento de recursos

[391] STF, RE 571572 ED, Relatora Min. Ellen Gracie, Tribunal Pleno, julgado em 26/08/2009.

[392] Art. 1º. As reclamações destinadas a dirimir divergência entre acórdão prolatado por turma recursal estadual e a jurisprudência do Superior Tribunal de Justiça, suas súmulas ou orientações decorrentes do julgamento de recursos especiais processados na forma do art. 543-C do Código de Processo Civil serão oferecidas no prazo de quinze dias, contados da ciência, pela parte, da decisão impugnada, independentemente de preparo.

extraordinário ou especial repetitivos, quando não esgotadas as instâncias ordinárias".

Ademais, está previsto que a inadmissibilidade ou o julgamento do recurso interposto contra a decisão proferida pelo órgão reclamado não prejudica a reclamação (art. 988, § 6º, CPC). A regra, contudo, diz menos do que deveria, pois é a inadmissibilidade e o julgamento de desprovimento que não prejudicam a reclamação.[393]

A reclamação – caso se considere que possui natureza jurídica de ação – estará sujeita às condições da ação e aos pressupostos processuais. Nesse sentido, é natural que as hipóteses de cabimento estejam incluídas no interesse-adequação, isto é, exige-se que a reclamação seja considerada pela ordem jurídica como instrumento idôneo para o resultado pretendido. Assim, caso não se alegue alguma das hipóteses de cabimento, haverá inadmissibilidade da reclamação. Por outro lado, como se dá em tantos outros meios de impugnação, a efetiva presença de violação à autoridade ou à competência do tribunal é questão relativa ao mérito dessa ação.

A reclamação não é um sucedâneo da ação rescisória. Com efeito, já era ponto pacífico na jurisprudência que não caberia reclamação em face de decisão transitada em julgado (Súmula 734, STF). Essa assertiva vai agora corroborada pelo direito positivo ao estabelecer que não cabe reclamação após o trânsito em julgado da decisão reclamada (art. 988, § 5º, I, CPC).

Há, contudo, um grave problema prático e teórico a ser solucionado. Como é admitida a coexistência da reclamação com os recursos, o que acontecerá com a reclamação ajuizada antes do trânsito em julgado da decisão se essa decisão não for confrontada pelos recursos cabíveis? Haveria o trânsito em julgado na pendência da reclamação? Ou a reclamação seria suficiente para obstar o trânsito em julgado? O tema é vivamente polêmico.

---

393 Nesse mesmo sentido: "O provimento do recurso que implique anulação ou reforma da decisão, importa na sua extinção e, consequentemente, na ausência superveniente de interesse, a impor a extinção da reclamação, diante da perda do seu objeto. Em outras palavras, ao contrário do que a literalidade do dispositivo sugere, se a decisão reclamada for extinta, o julgamento da reclamação, por óbvio, ficará prejudicado. Do mesmo modo que se exige o interesse processual para que a ação seja julgada no mérito, presente deve estar o interesse para que a reclamação possa ser examinada em seus fundamentos. Assim, diz-se que incide no procedimento da reclamação o binômio necessidade-utilidade como integrante do interesse. Para que se vislumbre e se reconheça o interesse, é necessário que o autor da reclamação possa alcançar alguma utilidade ou proveito pela procedência do pedido nela formulado. Portanto, para ajuizar reclamação não basta ter legitimidade: é preciso ter também interesse." (OLIVEIRA, Pedro Miranda de. Aspectos destacados da reclamação no novo Código de Processo Civil. *Revista de Processo*, São Paulo, v. 40, n.247, p. 299-318, set. 2015).

Uma primeira corrente defende que a reclamação, uma vez ajuizada, impede o trânsito em julgado da decisão desafiada. Segundo os adeptos dessa corrente, ela seria uma "condição impeditiva do trânsito em julgado"[394] ou, para outros, possuiria "efeito obstativo" a impedir o trânsito em julgado.[395]

Uma segunda corrente defende que a reclamação, uma vez ajuizada, não impede o trânsito em julgado da decisão desafiada. Assim, ainda que ajuizada a reclamação, caso não interpostos os recursos cabíveis, a decisão estará apta à formação da coisa julgada material. De qualquer modo, os adeptos dessa corrente defendem que a superveniência do trânsito em julgado não torna inadmissível a reclamação, mas o próprio trânsito em julgado ficará sob condição resolutória, de modo que "a procedência da reclamação fará com que a decisão desapareça e, com ela, o trânsito em julgado".[396] Nessa linha, há até quem defenda que ela teria um excepcional caráter rescisório em alguns casos.[397]

Uma terceira corrente – corretamente – defende que a reclamação não impede o trânsito em julgado da decisão desafiada. No sistema positivo vigente, a formação da coisa julgada está diretamente relacionada com o encerramento da cadeia recursal. Nesse cenário, impedir a formação da coisa julgada por ações de impugnação implica severa ruptura com o sistema e que, por isso mesmo, não pode ser considerada a regra. Entendemos, por essa razão e na esteira do art. 988, § 6º, que a superveniência do trânsito em julgado é causa superveniente de perda do interesse de agir para a reclamação, razão pela qual ela deveria ser extinta sem exame de mérito. Caso contrário se entenda em sentido contrário, em termos práticos, a reclamação se tornaria um equivalente à ação rescisória. O caráter obstativo da formação da coisa julgada não pode ser inerente à reclamação, sob pena de ser equiparada a um recurso. Assim, caso haja reclamação pendente e possibilidade concreta de a decisão reclamada transitar em julgado, caberia ao reclamante formular um pedido de tutela antecipatória recursal e,

---

394 NEVES, Daniel Amorim Assumpção. *Ações constitucionais*. 4. ed. Salvador: Juspodivm, 2018, p. 281.

395 DIDIER JR, Fredie. CUNHA, Leonardo Carneiro da. *Curso de direito processual civil*, vol. 3. 13. ed. Salvador: Juspodivm, 2016, p. 539.

396 Idem, p. 568. Essa tese parece ter sido acolhida pelo STJ ao admitir que, em mandado de segurança, a superveniência de trânsito em julgado não prejudica o julgamento do *writ*, já que – tal como ocorre na reclamação – se acolhido o pedido, o ato desafiado é desconstituído e, portanto, deixa de existir o próprio trânsito em julgado da decisão atacada (EDcl no MS 22.157-DF, Rel. Min. Luis Felipe Salomão, Corte Especial, por maioria, julgado em 14/03/2019, DJe 11/06/2019).

397 ABBOUD, Georges; VAUGHN, Gustavo Fávero. Notas críticas sobre a reclamação e os provimentos judicias vinculantes do CPC. *Revista de Processo*, São Paulo, v. 44, n. 287, p. 409-441, jan. 2019.

caso demonstre o preenchimentos dos pressupostos específicos, obter provimento judicial apto a obstar o trânsito em julgado com a suspensão do processo originário. Aliás, há regra expressa nesse sentido (art. 989, II, CPC).

3. Legitimidade

A ***legitimidade ativa*** é atribuída ao reclamante, isto é, aquele que busca preservar a competência ou garantir a autoridade de decisão de tribunal. Nos termos do art. 988 do CPC, a reclamação pode ser ajuizada pela parte interessada ou pelo Ministério Público.

A ***legitimidade passiva***, por sua vez, é atribuída ao reclamado, ou seja, aquele a quem se atribui a violação da competência ou da autoridade de decisão de tribunal.

Há divergência, contudo, sobre quem deve figurar no polo passivo, pois o diploma processual estabelece um procedimento similar ao do mandado de segurança para a reclamação. Assim, a autoridade reclamada é intimada para prestar informações, enquanto o beneficiário do ato deverá ser citado para participar do processo. E não há previsão de inclusão da pessoa jurídica de direito público a que pertença a autoridade reclamada no processo. Para ilustrar a confusão, basta cogitar de reclamação ajuizada em face de ato judicial praticado por juiz estadual de primeiro grau. Quem deverá figurar no polo passivo? Caso se adote o paralelo com o mandado de segurança, o magistrado deverá ser tratado como autoridade reclamada, prestando informações no prazo de dez dias (art. 989, I) e a pessoa jurídica de direito público a que ele pertence (Estado-federado) deverá ser integrada ao processo para, querendo, apresentar contestação no prazo de quinze dias.

4. Competência

A reclamação é endereçada ao tribunal cuja autoridade ou competência não foram respeitadas.[398] Mais precisamente, será competente para apreciar a reclamação o órgão cuja competência se pretende preservar ou cuja autoridade se busca assegurar.[399] Nos termos do art. 988, § 3º, do CPC, a reclamação será autuada e distribuída ao relator

[398] ABBOUD, Georges. *Processo constitucional brasileiro*. 2. ed. São Paulo: Revista dos Tribunais, 2018, p. 795.

[399] CÂMARA, Alexandre Freitas. *O novo processo civil brasileiro*. 2. ed. São Paulo: Atlas, 2016, p. 489.

do processo principal, sempre que possível. Há, portanto uma espécie de prevenção temática que deve ser observada nos casos de processo pendente. Nas demais hipóteses, impõe-se a distribuição livre. Por outro lado, dadas as hipóteses de cabimento da reclamação, será frequente a competência do próprio Supremo Tribunal Federal para julgamento da causa.

5. Procedimento

O procedimento da reclamação é detalhado no Código de Processo Civil. Todavia, como se trata de uma ação constitucional, não raro o seu manejo será necessário em outras áreas do direito (como penal ou trabalhista). Nestes casos, a aplicação do regramento processual civil será subsidiário em relação a eventuais regras gerais de outros diplomas legais. Nesse sentido, para exemplificar, recente decisão do Supremo considerou que os prazos, em reclamação, devem ser contados em dias corridos quando se tratar de matéria penal e em dias úteis quando se tratar de matéria cível.[400]

(1º) ***Petição inicial***: partido do pressuposto que a reclamação é uma ação, deverá ser apresentada por meio de petição inicial que preencha os requisitos gerais do ato postulatório (art. 319, CPC). A peça é endereçada ao presidente do respectivo tribunal (art. 988, § 2º, CPC). Na reclamação, o pedido é de cassação da decisão exorbitante do julgado ou e determinação da "medida adequada à solução da controvérsia".

- **Questão**: *É possível requerer a reforma da decisão reclamada?* É tema problemático na doutrina. Sob a égide da codificação anterior, consolidou-se o entendimento de que a reclamação teria por objetivo central a cassação da decisão reclamada, porquanto violadora da autoridade ou da competência do tribunal. Assim, não haveria espaço para a reforma, isto é, a reavaliação do mérito daquilo que foi decidido, sob pena de desvirtuamento da reclamação, que passaria a ser equivalente a um recurso. Mesmo após o advento do novo diploma processual, a doutrina persiste nesse entendimento.[401] Todavia, ao estabelecer a reclamação pode ser julgada procedente para determinar a "medida adequada à solução da controvérsia" (art. 992, CPC), parece-nos que houve uma indevida ampliação das soluções possíveis em matéria de reclamação.

---

400 STF, Rcl 23045 ED-AgR, rel. Min. Edson Fachin, julgamento em 9.5.2019. Vide: Informativo 939, STF.

401 ABBOUD, Georges. *Processo constitucional brasileiro*. 2. ed. São Paulo: Revista dos Tribunais, 2018, p. 793.

(2º) ***Posturas do relator***: ao receber a petição inicial da reclamação, caberá ao relator requisitar informações à autoridade reclamada, determinar a citação do beneficiário da decisão impugnada e, caso necessário, ordenar a suspensão do processo ou do ato impugnado para evitar dano irreparável (art. 989, CPC). Como a previsão legal em questão é sobremaneira restrita, é também aplicável o art. 932 do CPC – que trata dos poderes gerais do relator no âmbito dos tribunais. A doutrina lembra, ainda, que aceita a natureza de ação da reclamação, deve também ser aceita a possibilidade de emenda da petição inicial (art. 321, CPC) e, ainda, o seu indeferimento (art. 330, CPC).

(3º) ***Tutela de urgência***: quanto à possibilidade de suspensão do processo ou do ato impugnado (art. 989, II, CPC), a lei disse menos do que deveria, pois, quis franquear a possibilidade de tutela provisória de urgência na reclamação. Aplicam-se, assim, os requisitos e pressupostos atinentes à tutela provisória (art. 300, CPC).

(4º) ***Informações e defesa***: o procedimento da reclamação, com nítida inspiração no procedimento do mandado de segurança, prevê que a autoridade reclamada deverá prestar informações no prazo de dez dias. Assim, é razoável considerar que a pessoa jurídica de direito público a que esteja vinculada essa autoridade também seja cientificada da reclamação, inclusive para defender a validade do ato administrativo ou da decisão judicial. Para aqueles que defendem que, no mandado de segurança, a pessoa jurídica de direito público é sujeito do contraditório, não há razão para não adotar essa mesma premissa na reclamação. Em adição, eventual beneficiário da decisão impugnada deverá ser citado para apresentar contestação no prazo de quinze dias (art. 989, III, CPC). E não poderia ser diferente, já que a procedência da reclamação poderia atingir diretamente a esfera de interesses do beneficiário, causando-lhe prejuízo. O art. 990 do CPC ainda prevê que "qualquer interessado" poderá impugnar o pedido do reclamante, o que inevitavelmente abrange o terceiros juridicamente interessados.[402]

(5º) ***Ministério Público***: na reclamação que não houver formulado, o Ministério Público terá vista do processo por cinco dias, após o decurso do prazo para informações e para o oferecimento da contestação pelo beneficiário do ato impugnado.

(6º) ***Decisão final***: como a reclamação é um procedimento de rito simples e célere,[403] não há, em princípio, espaço para instrução. Assim, após as informações, eventual contestação e manifestação do Ministério Público, já é possível o julgamento definitivo por parte do tribunal. Aplicam-se as regras sobre o julgamento colegiado no âmbito dos tribunais (arts. 934-944, CPC). Caso a reclamação for julgada improcedente, o ato

---

402 NEVES, Daniel Amorim Assumpção. *Ações constitucionais*. 4. ed. Salvador: Juspodivm, 2018, p. 283.

403 MENDES, Gilmar Ferreira; BRANCO, Paulo Gustavo Gonet. *Curso de direito constitucional*. 8. ed. São Paulo: Saraiva, 2013, p. 1317.

reclamado é mantido na sua integralidade. Por outro lado, se a reclamação for julgada procedente "o tribunal cassará a decisão exorbitante de seu julgado ou determinará medida adequada à solução da controvérsia" (art. 992, CPC). A decisão tomada pelo tribunal produz efeitos imediatamente, lavrando-se o acórdão posteriormente.

6. Efeitos (da decisão)

O efeito principal da decisão favorável dependerá da situação que deu causa ao ajuizamento da reclamação.

Quando o ato reclamado tiver origem administrativa, o ato administrativo violador da decisão cuja autoridade se quer preservar será anulado. Embora não haja expressa previsão no diploma processual, permanece válida a previsão específica do art. 7º, § 2º, da Lei nº 11.417/06.

Quando o ato reclamado tiver origem jurisdicional, a decisão judicial será cassada pelo tribunal. Há, portanto, um preponderante caráter desconstitutivo no pronunciamento final da reclamação. Por outro lado, a codificação ainda prevê que o tribunal poderá terminar as medidas adequadas para a solução da controvérsia (art. 992, CPC). Trata-se de "expressão bastante vaga"[404] e que não deixa claro quais são os efeitos da decisão. Alguns percebem neste ponto algum caráter mandamental na reclamação.[405]

---

[404] XAVIER, Carlos Eduardo Rangel. *Reclamação constitucional e precedentes judiciais*: contributo a um olhar crítico sobre o novo código de processo civil, de acordo com a Lei nº 13.256/2016. São Paulo: Revista dos Tribunais, 2016, p. 117.

[405] Ibidem.

Referências bibliográficas

ABBOUD, Georges. *Processo constitucional brasileiro*. 2. ed. São Paulo: Revista dos Tribunais, 2018.

——; VAUGHN, Gustavo Fávero. Notas críticas sobre a reclamação e os provimentos judicias vinculantes do CPC. *Revista de Processo*, São Paulo, v.44, n.287, p.409-441, jan. 2019.

ARRUDA ALVIM, Eduardo. *Mandado de segurança*. 3. ed. Rio de Janeiro: GZ Editora, 2014.

ASSIS, Araken de. Medidas de urgência na ação por improbidade administrativa. In: MARQUES, Mauro Luiz Campbell (Coord.). *Improbidade administrativa*: temas atuais e controvertidos. Rio de Janeiro: Forense, 2017.

——. *Manual dos recursos*. 8. ed. São Paulo: Revista dos Tribunais 2016.

BAPTISTA DA SILVA, Ovídio A. *Curso de Processo Civil*. Volume 2. Execução obrigacional, execução real, ações mandamentais. 5ª ed. São Paulo: Revista dos Tribunais, 2002.

BARBI, Celso Agrícola. *Do mandado de segurança*. 10. ed. Rio de Janeiro: Forense, 2001.

——. Mandado de injunção. In: TEIXEIRA, Sálvio de Figueiredo (Coord.). *Mandados de segurança e de injunção*: estudos de direito processual constitucional em memória de Ronaldo Cunha Campos. São Paulo: Saraiva, 1990.

BARBOSA, Rui. Os actos inconstitucionaes do congresso e do executivo ante a Justiça Federal. In: *Obras Completas de Rui Barbosa*, vol. XX, tomo V. Rio de Janeiro, 1948, p. 167. Disponível em: <http://www.casaruibarbosa.gov.br>, acesso em 18/04/2019.

BARROSO, Luis Roberto. A viagem redonda: *habeas data*, direitos constitucionais e as provas ilícitas. *Revista de Direito Administrativo*, Rio de Janeiro, v. 213, p. 149-164, jul. 1998.

——. *O controle de constitucionalidade no direito brasileiro*. 7. ed. São Paulo: Saraiva, 2016.

BONAVIDES, Paulo. *Curso de direito constitucional*. 34. ed. São Paulo: Malheiros, 2019.

BUENO, Cássio Scarpinella. *Mandado de segurança*: comentários às Leis 1.533/51, 4.348/64 e 5021/66. 5. ed. São Paulo: Saraiva, 2009.

BUZAID, Alfredo. *Do mandado de segurança*. São Paulo: Saraiva, 1989.

CALMON FILHO, Petrônio. Intervenção obrigatória do Ministério Público. Desnecessidade. Pessoa jurídica de direito público no polo passivo da relação processual. *Revista de Processo* nº 111, São Paulo: Revista dos Tribunais, 2003, p. 259-263.

CÂMARA, Alexandre Freitas. *Manual do mandado de segurança*. São Paulo: Altas, 2013.

——. *O novo processo civil brasileiro*. 2. ed. São Paulo: Atlas, 2016.

CARVALHO FILHO, José dos Santos. Ação civil pública e ação de improbidade administrativa: unidade ou dualidade? In: MILARÉ, Édis (Coord.). *A ação civil pública após 25 anos*. São Paulo: Revista dos Tribunais, 2010.

——. *Manual de direito administrativo*. 28.ed., São Paulo: Atlas, 2015.

——. *Manual de direito administrativo*. 30. ed. São Paulo: Atlas, 2016.

CASTRO, Guilherme de Siqueira; FERREIRA, Olavo Augusto Vianna Alves. *Mandado de injunção*. Salvador: Juspodivm, 2016.

COSTA, Susana Henriques da. *O processo coletivo na tutela do patrimônio público e da moralidade administrativa*. 2. ed. São Paulo: Atlas, 2015.

——. *O processo coletivo na tutela do patrimônio público e da moralidade administrativa*. São Paulo: Quartier Latin, 2009.

CUNHA E CRUZ, Marco Aurélio Rodrigues da; CASTRO, Matheus Felipe de. O habeas data e a concretização do direito à proteção de dados pessoais na metódica constitucional de friedrich müller. *Revista Direitos e Garantias Fundamentais*, Vitória, v. 19, n. 1, p. 191-230, jan./abr.2018.

DANTAS, Marcelo Navarro Ribeiro. *Reclamação constitucional no direito brasileiro*. Porto Alegre: SAFE, 2000.

DIDIER JR, Fredie; CUNHA, Leonardo Carneiro da. *Curso de direito processual civil*, vol. 3. 13. ed. Salvador: Juspodivm, 2016.

DONIZETTI, Elpídio. *Ações Constitucionais*. 2. ed. São Paulo: Atlas, 2010.

FIGUEIREDO, Lúcia Valle. *Mandado de segurança*. 6. ed. São Paulo: Malheiros, 2009.

FLAKS, Milton. *Mandado de segurança*: pressupostos da impetração. Forense: Rio de Janeiro, 1980.

GAJARDONI, Fernando da Fonseca (*et al.*). *Comentários à lei de improbidade administrativa*. 2. ed. São Paulo: Revista dos Tribunais, 2012.

GARCIA, Emerson; ALVES, Rogério Pacheco. *Improbidade Administrativa*. 6. ed. Rio de Janeiro: Lumen Juris, 2011.

LEONEL, Ricardo de Barros. *Manual do processo coletivo*. 4. ed. São Paulo: Malheiros, 2017.

LIMA, Renato Brasileiro. *Manual de processo penal*: volume único. 5. ed. Salvador: Juspodivm, 2017.

MANCUSO, Rodolfo de Camargo. *Ação popular*: proteção do erário, do patrimônio público, da moralidade administrativa e do meio ambiente. 6. ed. São Paulo: Revista dos Tribunais 2008.

MARINONI, Luiz Guilherme; ARENHART, Sérgio Cruz; MITIDIERO, Daniel Francisco. *Novo curso de processo civil*: v.3, tutela dos direitos mediante procedimentos diferenciados. São Paulo: Revista dos Tribunais, 2015.

MARTINS JÚNIOR, Wallace Paiva. Ação civil pública, improbidade administrativa e políticas públicas. In: MILARÉ, Édis (Coord.). *A ação civil pública após 25 anos*. São Paulo: Revista dos Tribunais, 2010.

MAZZILLI, Hugo Nigro. *A defesa dos interesses difusos em juízo*: meio ambiente, consumidor, patrimônio cultural, patrimônio público e outros interesses. 29. ed. São Paulo: Saraiva, 2016.

MEDINA, José Miguel Garcia; ARAÚJO, Fábio Caldas de. *Mandado de segurança individual e coletivo*: comentários à Lei nº 12.016/09. 2. ed. São Paulo: Revista dos Tribunais, 2012.

MEIRELLES, Hely Lopes. *Mandado de segurança*: ação popular, ação civil pública, mandado de injunção, habeas data. 13ª ed. São Paulo: Revista dos Tribunais, 1989.

MENDES, Gilmar Ferreira; BRANCO, Paulo Gustavo Gonet. *Curso de direito constitucional*. 8. ed. São Paulo: Saraiva, 2013.

MIRANDA, Francisco Cavalcanti Pontes de. *História e prática do habeas-corpus*. 3. ed. Rio de Janeiro: J. Konfino, 1955.

MOREIRA, José Carlos Barbosa. O *habeas data* brasileiro e sua lei regulamentadora. *Revista de Direito Administrativo*, Rio de Janeiro, v. 211, p. 47-63, jan. 1998.

——. Tutela jurisdicional dos interesses coletivos ou difusos. In: *Temas de Direito Processual* (Terceira Série). São Paulo: Saraiva, 1984, p. 198-206.

MOURÃO NETO, Samuel Francisco. Arquivos de consumo (cadastros e bancos de dados de consumidores) e *habeas data* (individual e coletivo), 2012. Disponível em: <http://www.pucsp.br/tutelacoletiva/download/artigo_samuel.pdf>. Acesso em: 14/01/2019.

NAGEL, José. Insuscetibilidade de apreciação judicial de ato politico legislativo. *Revista de Informação Legislativa Brasília*, senado federal, n. 115, p. 581-592, jul/set, 1992.

NERY JÚNIOR, Nelson; ABBOUD, Georges. Recursos para os Tribunais Superiores e a Lei nº 13.256/2016. *Revista de Processo*, São Paulo , v.41, n.257, p. 217-235, jul. 2016.

NEVES, Daniel Amorim Assumpção. *Ações constitucionais*. 3. ed. Salvador: Juspodivm, 2017.

NOVELINO, Marcelo. *Curso de Direito Constitucional*. 13. ed. Salvador: Juspodivm, 2018.

OLIVEIRA, Pedro Miranda de. Aspectos destacados da reclamação no novo Código de Processo Civil. *Revista de Processo*, São Paulo, v.40, n.247, p. 299-318, set. 2015.

PACELLI, Eugênio; FISCHER, Douglas. *Comentários ao Código de Processo Penal e sua jurisprudência*. 10. ed. São Paulo: Atlas, 2018.

PACHECO, José da Silva. *Mandado de segurança e outras ações constitucionais típicas*. 6. ed. São Paulo: Revista dos Tribunais, 2012.

PIOVESAN, Flávia. *Proteção judicial contra as omissões legislativas*. 2. ed. São Paulo: Revista dos Tribunais, 2003.

QUINTAS, Fábio Lima. *Mandado de injunção no Supremo Tribunal Federal*. São Paulo: Saraiva, 2016.

RODRIGUES, Geisa. *Ações constitucionais*. São Paulo: Método, 2014.

ROTHENBURG, Walter Claudius. Réquiem para o *habeas data* (o *habeas data* e a nova Lei nº 9.507/97). In: ALVIM, Teresa Celina Arruda (coord.). *Habeas data*. São Paulo: *Revista dos Tribunais*, 1998. p. 372-389.

SANTANNA, Gustavo. *Direito Administrativo*. 4. ed. Porto Alegre: Verbo jurídico, 2015.

——; SCALABRIN, Felipe. *Lições de direito constitucional*: controle de constitucionalidade. 2. ed. Porto Alegre: Livraria do Advogado, 2020.

SARLET, Ingo Wolfgang. *A eficácia dos direitos fundamentais*: uma teoria geral dos direitos fundamentais na perspectiva constitucional. 13. ed. Porto Alegre: Livraria do Advogado, 2018.

SCALABRIN, Felipe; COSTA, Miguel do Nascimento; CUNHA, Guilherme Antunes da. *Lições de processo civil*: execução. 2. ed. Porto Alegre: Livraria do Advogado, 2018.

SILVA, José Afonso da. *Ação popular constitucional*: doutrina e processo. 2. ed. 2ª tiragem. São Paulo: Malheiros, 2013.

——. *Curso de direito constitucional positivo*. 24. ed. São Paulo: Malheiros, 2005.

XAVIER, Carlos Eduardo Rangel. *Reclamação constitucional e precedentes judiciais*: contributo a um olhar crítico sobre o novo código de processo civil, de acordo com a Lei nº 13.256/2016. São Paulo: Revista dos Tribunais, 2016.

ZAVASCKI, Teori Albino. *Eficácia das sentenças na jurisdição constitucional*. 4. ed. São Paulo: Revista dos Tribunais, 2017.

——. *Mandado de injunção*: anotações ao PL n. 6128/2009. In: MENDES, Gilmar Ferreira *et al.* (org.). *Mandado de injunção: estudos sobre sua regulamentação*. São Paulo: Saraiva, 2013.

——. *Processo coletivo*: tutela de direitos coletivos e tutela coletiva de direitos. 7. ed. São Paulo: Revista dos Tribunais, 2017.

ZENKNER, Marcelo. *Ministério Público e efetividade do processo civil*. São Paulo: Revista dos Tribunais, 2006.

Impressão:
Evangraf
Rua Waldomiro Schapke, 77 - POA/RS
Fone: (51) 3336.2466 - (51) 3336.0422
E-mail: evangraf.adm@terra.com.br